电力设备成本价值管理实务手册

国网安徽省电力有限公司设备管理部
国网安徽省电力有限公司滁州供电公司 编
罗 沙 方登洲 汤建华 主 编

合肥工业大学出版社

图书在版编目(CIP)数据

电力设备成本价值管理实务手册/国网安徽省电力有限公司设备管理部,国网安徽省电力有限公司滁州供电公司编．--合肥:合肥工业大学出版社,2024.12. -- ISBN 978-7-5650-6942-0

Ⅰ.F426.61-62

中国国家版本馆 CIP 数据核字第 2024HW0153 号

电力设备成本价值管理实务手册

国网安徽省电力有限公司设备管理部
国网安徽省电力有限公司滁州供电公司 编

责任编辑 张择瑞

出 版	合肥工业大学出版社	**版 次**	2024 年 12 月第 1 版
地 址	合肥市屯溪路 193 号	**印 次**	2024 年 12 月第 1 次印刷
邮 编	230009	**开 本**	787 毫米×1092 毫米 1/16
电 话	理工图书出版中心:0551-62903204 营销与储运管理中心:0551-62903198	**印 张**	10
		字 数	238 千字
网 址	press.hfut.edu.cn	**印 刷**	安徽联众印刷有限公司
E-mail	hfutpress@163.com	**发 行**	全国新华书店

ISBN 978-7-5650-6942-0　　定价:35.00 元

如果有影响阅读的印装质量问题,请与出版社营销与储运管理中心联系调换。

《电力设备成本价值管理实务手册》

主任委员	郝韩兵　叶　彬
副主任委员	杜　鹏　邓　帅　黄道友　白　涧
主　　编	罗　沙　方登洲　汤建华
副 主 编	康　健　郝　雨　蒋　伟　吴应华　张冰涵
参编人员	柯艳国　郑　浩　王　翀　潘　超　李坚林
	谢　佳　杨　帆　杨　昆　顾孟飞　赵恒阳
	黄伟民　谢　铖　殷　振　马　凯　李　奇
	魏　敏　郭可贵　操松元　刘宇舜　王同文
	訾　泉　戚振彪　葛锦锦　甄　超　赵永生
	张征凯　徐　飞　范　申　丁一阳　赵文广
	许家俊　井　霞　王　兴　王璐璐　高　象
	刘士李　陈付雷　钟　跃　李　冬　陈胜东
	靳继斌　吴　翔　邱曼曼　于启万　秦金飞
	程　康　唐怀东　何海涛　方隽杰　金　勇
	项治国　侯　川　樊承鹏　谭清岩　许　振
	周少波　仇　标　徐旭东　肖向虎　刘晓伟
	刘海洋　陈　祥　权运良　缪超强　郑青吟
	李梁栋　陈明阳　任新丁　李香香　张雨菲
	练建安　杨明芳

前　言

为了进一步树立成本意识、过紧日子思想和花钱问效理念，提升运检成本项目管理的精益化、科学化水平，强化项目全过程管控，实现运检成本费用效能效益的最大化，以运检成本管控水平的提升倒逼运检专业领域内业务、管理转型升级，实现精益管理、精准投资，持续深化成本项目化管理，健全成本项目全过程闭环管控机制，强化成本项目全链条精益管理，提高项目投入产出效率，我们组织编写了《电力设备成本价值管理实务手册》。

本书从电力企业生产成本的含义、行业特点入手，介绍了电力设备运检成本管理体系、成本费用划分及边界，重点对成本费用的立项、可研评审机制、计划安排下达、招投标、进度推进、项目实施、资金支付、分包规范、竣工验收、项目结算、供应商评价、档案归档、项目后评价等各关键环节做了详细阐述和分析，最后对生产成本项目管理提升做了总结和展望。

总之，推进电力设备运检生产成本精益管理，要紧紧围绕设备、项目等核心要素，准确归集材料费、修理费与其他运维费用；强化业务融合，规范信息链条，增补系统强控功能，常态化监测数据质量，不断推进业务与价值信息记录的细化融合。本书旨在引导企业各单位、各部门成本支出向重点工作倾斜，上下协同联动，提升业务布局与企业战略的匹配度，提高成本预算效率、增加投入产出效益，支撑企业高质量发展。

编　者

2024 年 3 月

目　　录

第一章　电力设备成本管理现状

第一节　概　述

一、生产成本定义

生产成本(production cost)亦称制造成本,是指生产活动的成本,是生产单位为生产产品或提供劳务而发生的各项生产费用,包括各项直接支出和制造费用。直接支出包括直接材料(原材料、辅助材料、备品备件、燃料及动力等),直接工资(生产人员的工资、补贴),其他直接支出(如福利费)。制造费用是指企业内的分厂、车间为组织和管理生产所发生的各项费用,包括分厂、车间管理人员工资、折旧费、维修费、修理费及其他制造费用(办公费、差旅费、劳保费等)。

二、电力设备成本定义

电网设备运检成本是指电力企业在输配电系统中传输和供应电力时所产生的成本。在我国电力市场运行过程中,由于输配电价格向“准许成本加合理收益”转变,因而准许成本被纳入输配电成本当中。其中,折旧费是指按照有关物价管理机构批准的输配电设备的原值和折旧率,对其进行折旧。输配电固定资产是指经有关部门批准并按计划进行的、包含输电、配电设备和其他有关的资产。运行维护费,是指电力企业为维持电力系统正常运转所需的成本,运行维护费原则上按以下不同的成本进行核算:(1)材料费。材料费是指电力企业提供输配电服务所耗用的消耗性材料、事故备品等,包括企业因自行组织设备大修、抢修、日常检修发生的材料消耗和委托外部社会单位检修需要企业自行购买的材料费用。(2)修理费。修理费是指电力企业为了维护和保持输配电相关设施正常工作状态进行的外包修理活动所发生的检修费用,不包括企业自行组织检修发生的材料消耗和人工费用。(3)人工费。人工费是指电力企业从事输配电业务的职工发生的薪酬支出,包括工资总额(含津补贴)、职工福利费、职工教育经费、工会经费、社会保险费用、住房公积金,含农电工、劳务派遣及临时用工支出等。(4)其他费用。其他费用是指电力企业提供正常输配电服务发生的除以上成本因素外的费用,包括生产经营类费用、管理类费用、安全保护类费用、研究开发类费用、价内税金等。

第二节 电力设备成本管理背景

一、电力企业的经营特征

(一)生产过程的连续性

电力生产需各个环节紧紧相扣,相互联系,并且对其设备运行的可靠性、安全性有着严格的高标准。对于当代各行各业来说,电力已经充斥在生活的方方面面,已经成为必不可少的一部分,而电力设备是否能够正常地运行,也关系到人们的正常生活。电力设备运行及电力生产应遵循以下三个原则:经济原则、安全原则和优质原则;其中,安全原则是着重强调贯彻的,在安全生产上,"预防为主"是指贯彻安全原则的运行原则,电力企业应完善安全生产制度,并且在贯彻实施中要做到有效地监督,进一步加强对安全生产的责任制管理,同时在思想上进行安全教育,在实操过程中步步到位,有章可循;另外,电力企业还需加强对设备的定期维护,以保证居民正常的生产生活,打好民生工程的基础。

(二)电力的基础性作用

随着中国经济社会的迅速发展,电力在国民的生产生活中具有基础性作用,关乎国计民生。因此,保证安全的电力生产流程,重视"安全为主"的原则,不仅是对社会的负责,更是对国家的负责。如今我国供电需求仍在不断地攀升,用电的范围越来越广,安全隐患也渐渐增多,同时电力安全面临的巨大挑战还有大量快速发展的新能源、并网及微网。很多的安全隐患慢慢凸显了出来,例如很多地区电网的网架结构不够稳定,受风力的影响大,还没有得到再次建设;甚至在距离居民区不远处的电力设备被破坏,人们不理解电力规划的科学性以及运行规则,导致很多本可避免的事故发生,影响了电网的安全稳定,亟须得到改善。在这种形势下,有关部门可以建立健全安全法规制度和电力安全管理规范;社会层面加强对电力安全的思想教育,进行电力安全宣传活动;个人层面提高电力安全意识,从行动上抵制一切有损个人安全和人民财产安全的行为。

(三)电力消费的周期性

如今中国经济正在高速发展,电力消费也成了人们日常消费的必需品,成就了电力行业特殊的地位,而如何恰当地分配资源也跟电力的周期性有关。不确定性和周期性是社会经济本身的发展特点,基于这个因素,社会的电力需求也会随之产生变化。如何协调电力和经济之间的发展是现在相关电力企业想要进一步发展所要面对的重点难题,若难题得到解决,就可以使投资效率得到提高,另外也可以使电力企业的经营效率得到提升。在全国资源优化配置中,将电力企业的电力输送枢纽作用发挥到最大化,电力东送、南北互供就可以化理论为现实。同时,为了使企业的经济利益达到最大化,在达到满足环境约束的社会效益上还需要加强全国联网工作,让电力工业能够一直健康发展。目前全国正在面临着一大难题——配网"卡脖子",因此在制订解决方案时要重点关注城市低压配电网的薄弱结构部分,还包括城市的整个配网改造强化,提高电网的稳定性,强化电网的薄弱部分,从而和人们的日常生活紧密相接。

(四)电力生产供应的高可靠性

在现代,人们生活和生产发展的进程中早已离不开电力的支持,无论是个人的生活还是公司运营抑或是中国如今的高速发展都与电力设备的运行情况息息相关。为了确保电力设备设施的健康安全运行,电力企业需要不断地提升对电力设备设施的管理控制水平。设备管理一直都是电力企业经营管理工作的重点,也是所有管理工作的基本出发点,从建立之初到如今,保证设备设施的可靠性的相关管控工作就一直是我国电力行业的管理重点。在不断地强化管理过程中,也实现了电力企业输变电设施可靠性水平的大幅度提升,并提高了电网运行安全系数和电力质量水平,也让中国经济得到了更高质量的发展。

(五)生产运行的高度自动化

当今时代呈现出世界政治多极化、经济全球化的发展趋势,在此背景下,电能转化的自主性特征也日益明显。由于电能转化本身具有的自动性特点,因此同样地也需要我们来提供与之匹配的高科技技术。而在时代发展的背景下,我国电力公司在进行不断的技术革新后使得其电能转化水平有了极大进步,开始广泛应用各类新型技术,如新通信技术、新计算机网络技术和电力企业监管系统等,由此带来的不仅仅是电能转化水平提升,对我国的电力能源转化建设、产销目标等相关的活动而言,更是带来了变革性的机遇。当下,国内的电力企业对于其基础设施建设已经逐渐展露出规模,主体网络已经涵盖全国各省份,电能转化手段逐步向国内联网、超效率、极度自动化趋势发展,逐渐开始按时报告、主动汇总并及时公布数据流量等重点信息。另外,广域检测以及电力耗能费用核算系统也逐渐被全国各地的电力分公司和各个地域的电能调配部门采用,更是将调配自动化设备也配备上了。因此,要建设地理信息系统来保障正常的电能输送、变电及电能监管工作得以顺利进行;除此之外,我们还可以通过采用现代化模式来进行电能负荷、电能产销监管、报修服务等。变电站已经逐步采用网络监管模式来减少员工的工作量;此外也基本实现了财务报表监管和信息披露监管;并在我国各级地市均设立电话客户服务系统与网络办事系统服务窗口;逐步推进替换纸质文件,文件改为电子传送;逐步推进互联网建设,开展公开公正的网络招标,并形成一定规模。所以我们可以认为,电网实现高效自动化对电网的安全运营而言是无可比拟的。

(六)行业竞争机制的形成

在时代发展迅速的当下,为寻求长期发展,电力企业也不断进行技术革新,由此开始逐步出现电力企业间的商业竞争,只有不断地提高客户服务的质量和水平,电力企业才能在市场竞争中占据有利地位。最近几年,国内的电力改革活动从未停止,其主要目的包含两点:一是提升电能公司产销量,二是为社会公益福利添砖加瓦。由于国内电力企业多数含有公益性质,所以从某种意义上来说电力革新的重要性之一就是借此来降低电费价格,从而为客户提供更优质的服务。当前,国内电力市场供电量还是由电力有关部门进行统一安排、统一分配与统一销售,所以这就要求国内各电力企业不断提升自身实力来践行客户至上的服务理念。

二、电力企业的行业特点

电力企业作为资金投入占比集中的公司类型之一,在产品生产中有着连贯的流程。同其他公司相比，电力企业的主要特征集中展现在产业基础化、投资集中、科技含量高、产品别致和资金分散等五个层面。

（一）基础产业性

我们可以将电力市场称为是我国经济发展的关键，也影响着我国经济发展方向，电力市场可谓是公共服务事业与国民经济发展的重要组成部分，它与我国民众的日常生活息息相关。在电力企业不断发展中，一方面要做出对电网的合理规划，保障安全运行；另一方面要不断为我国民众提供更优质的用电服务，并借此来稳定社会经济发展。对于电力企业而言，其首要任务就是重视发展，在满足我国经济发展与民众用电需要的同时，也要肩负起促进我国国民经济发展的重任。

（二）资金密集性

电力企业的主体电能设施的主要特点有：起初资金投入多，运营成本高，使用时间长，设施专业性强；风险较大；更新迅速；资金投入聚集性强且收入较为散乱。这就要求电力企业运用大笔资金来支付员工薪资及日常运营花销。

（三）技术密集性

由于电网本身具有生产连贯性、高科技集中与影响范围广等特征，因此电力企业相关工作人员务必要有较高的专业素质；除此之外，在电力制度不断革新与我国提出的建设“世界一流电网”理念的背景下，不管是针对制度、思想、监管体制还是科学技术而言，不断开拓创新可以说是发展的必然趋势。这就要求电力企业要重视其职员的科学文化修养与实际操作能力。

（四）产品特殊性

同样，针对电网运营而言，也需要在遵循同等、公益与均衡等法则的基础上来进行。例如：我们一般可知电能是无法储存的，所以电能在生产运输使用时都是同步产生，而为了让电网有更加协调可靠的频次与电压，就要求不论是对于电能生产还是对于电能应用而言都要实现二者之间的平衡拉伸；电量运作传输具有统一整体性，不管是它的分布还是价格以及销售均由有关部门统一负责，如果电网出现问题，那么会带来极大的影响，覆盖面广，影响迅速扩大；技术要求越来越复杂。只有进行合理的电量调配才能满足社会用电的需要，这就要求电能公司有着较为先进的设备和技术。此外，电能销售还要依赖于电网，这是受电能生产的特点所影响的。

（五）资产分散性

综合来看，电力企业有两大特点：其一，可运营范围广阔，电力能应用到各类单位，相对而言资金比较分散；其二，拥有各种齐全的输电设施以及很高的电网覆盖率。

三、电力企业的成本管理背景

（一）电力体制变革对电力企业成本的影响

我国的电力体制改革始于 20 世纪 80、90 年代，通过出台一系列改革方案和配套措施，在探索市场路径方面积累了一定的经验和教训。我国电力企业经历了集资办电、政企分开的改革实践后，2002 年，在《国务院关于印发〈电力体制改革方案〉的通知》（国发〔2002〕5 号）精神和基本原则指导下，中国的电力体制又一轮改革拉开帷幕。作为中国新电改的一次尝试,5号文要求实行“厂网分开、竞价上网、输配分开、竞争供电”,以建立一个更高效、更公正的社会主义电力市场体系。

2015年,我国启动新一轮电力体制改革,改革进程进一步加快。当年3月,《中共中央国务院关于进一步深化电力体制改革的若干意见》(中发〔2015〕9号)发布,明确深化电力体制改革的重点及路径,并提出本阶段电力体制改革的首要内容是输配电价改革。其目的之一是要求全国电力企业按照“准许成本加合理收益”的方式核定独立的输配电价,进而推动电力市场交易成熟发展。同年在借鉴国外输配电监管经验基础上,国家有关部门结合我国实际情况,联合制定出台《输配电定价成本监审办法(试行)》,明确电力企业将由以往赚取“购销差价”的盈利模式改为收取“过网费”,而且在确定输配电价时,还需开展严格的成本监审,优化电力企业成本结构。为了保护电力系统市场的权益,就必须改变市场垄断的现象,要充分表现出资源的分布受到市场的影响。正因如此,必然要有顺序地松开传统输配电力体系外的有目的性的竞争性电价,慢慢地向社会主义市场经济体制下的电力市场靠拢,放开配电售电市场,推动电力市场化交易,从而降低社会用电成本。

2018年,有关部门制定印发《企业产品成本核算制度——电网经营行业》(财会〔2018〕2号),促进电网经营企业加强成本管理,规范电网经营行业产品成本核算,满足国家输配电定价的核定和监审需要。2019年,国家有关部门对2015年制定的《输配电定价成本监审办法(试行)》进行了修订,正式印发《输配电定价成本监审办法》,文件明确规定输配电价成本监审要剔除与电网企业输配电业务无关的费用,对电网企业成本进一步约束。电力企业作为“大国重器”,承担了较多的政治责任和战略责任。

2018年以来,美国贸易保护主义抬头,贸易摩擦对全球经济造成较大威胁,也给我国经济发展带来了更多挑战,较多高耗能企业的售电量明显下跌,电力企业售电量业务收缩,出现电量下滑的情况。电力企业作为国有特大型骨干企业,肩负着促进经济发展的政治任务,发挥全面带动上下游产业链发展的作用。为了鼓励和支持国内企业发展,最近三年间电力企业一般工商业电价多次下调。2018年一般工商业目录电价下调10%,导致当年一般工商业降价降费792亿元。2019年为清理电价附加收费,促进电力市场化改革,国办和发改委再次要求给一般工商业减负,下调平均电价10%,当年降低企业用电成本846亿元。

2020年受疫情冲击,自2月起再一次阶段性降低一般工商业及其他电价、大工业电价5%以支持企业复工复产,直至12月底。电力销售价格的持续、多次降低大大影响电力企业的盈利能力,经营形势十分严峻,迫使电力企业转头向内,挖掘内部潜能,关注生产效率。

在此背景下,强化成本约束、严格成本管控就成为电力企业加强成本管理的必由之路。近年来电力企业的发展趋于平缓,企业效益增速明显放慢,因此扩大电力企业的盈利空间、提升经济效益,需要从成本管理着手,减少无效、低效支出,提高企业的盈利能力和可持续发展能力。就电力企业而言,要实现科学发展的目标,满足电力市场多样化的需求,需要重视成本管理的精细化,积极推动电力企业成本管理向集约化、标准化的方向发展。电力企业通过实施成本精益化管理,可以细化成本管理目标,明确成本管理方向,避免成本管理的盲目性;同时可以增强成本分析的准确性和科学性,帮助电力企业实现可持续发展的目标。

(二)电力企业成本管理面临的挑战

电力企业的主要职能是以投资建设运营电网为核心业务,为经济社会的发展提供坚强的、安全的、可靠的电力保障。在社会的经济发展过程中,中央企业发挥了中流砥柱的作用,一方面贡献了企业的经济责任,确保实现国有资产不断地保值增值;另一方面,还承担起了政治责任、社会责任,去进一步体现企业的价值。在当前的形势下,电网企业面临着三个方面的挑战与压力。一是践行创一流使命担当。现阶段,中央深入推动落实国企改革三年行动,国务院编制中央企业"十四五"规划,提出的目标就是要把国有企业做强、做得更好、做得更广,其中最有说服力的成果就是提出了在"十四五"的规划下使企业的整体水平达到世界一流的标准。电力企业是央企的重要成员,就应该冲锋在前、争创一流。二是供电服务质量要求日益提高。随着经济的发展,现代社会需要更加稳定、可靠、安全、绿色的能源供给,目前强化网架结构、优化营商环境、提高供电可靠性等对电能质量与服务的要求进一步提高。三是经营压力持续加大。近年来,随着电力体制改革和输配电价改革的不断推进,国家加大力度减税降费,自2017年来连续三年降电价;2020在突发新冠疫情的冲击下,实施了阶段性降电价政策,在连年下调的电价政策影响下,电网企业大幅让利于民。在收入下降,各种投资、刚性成本居高不下的情况下,如何做好降本增效,对可控成本实施有效管理,是当前电力企业稳效益、保持健康可持续发展的首要任务。

同时,电价政策持续收紧。购电侧,随着蓝天计划、节能减排工作的推进,大力发展燃气机组,电力企业购电成本逐年上升,严重挤压了利润空间。售电侧,近年来国家大力减税降费,2017至2019年连续三年下调一般工商业电价,2020年在疫情防控期间实施阶段性降电价政策,电力企业大幅度让利于民。总的来说,一是购售电价差被大幅缩减。二是电量增长不容乐观。由于疫情等多方面因素的影响,国民经济陷入低迷,部分需求萎缩,致使社会总用电量也处于萎靡状态。受电量、购售电价差下降的影响,电力企业收入大幅减少,唯有大力开展降本增效,才能保持企业的可持续发展。

从企业内部看,加强成本管理是公司不断提高核心竞争力、实现可持续发展的重要举措。内部管理要求日益增高。电力企业进一步贯彻执行中央的要求,积极做好三项工作,即努力争创世界一流企业、落实优化营商环境、建设粤港澳大湾区等专项工作。这些专项工作的顺利推进,都需要较高的投资和成本投入,才能取得良好的效果。近年来,投资和成本呈直线上升趋势,更加需要加强成本管理,以最少的资源投入释放最大的效益,提高投入产出效益,这样才能达到进一步提升公司精益化管理水平、严格管控成本的目的,进而提高公司的成本管理水平。

从国内外形势来看,宏观经济环境正在发生深刻复杂变化,国家出台多项阶段性降低用电成本的政策,同时受疫情因素影响,电力企业售电量增速下滑,电量增量效益进一步收窄,加之洪水等自然灾害,供电抢修成本大幅增加。受以上多重减利因素影响,电力企业盈利能力下降,投资能力削弱,经营压力前所未有。电力企业成本管理工作是一项系统性、综合性工程,需要各部门、各单位目标一致、良性互动才能发挥出最大合力。面对日趋严峻的经营形势,为了深入贯彻落实上级的文件精神,实现"具有中国特色国际领先的能源互联网企业"的战略目标,适应新的监管要求,亟待提升成本管理水平。

四、电力企业成本管理提升的意义

(一)全面适应监管要求

建立适应输配电成本监审要求的成本核算体系和工作机制，稳步推进“监管频道”建设，统一各类监管信息的数据标准，实现监管数据实时在线更新、监审报表常态出具，主动“适应监管、服务监管”的意识和能力明显提高。

(二)全面提升内部管理

明确监管与非监管业务界面，强化资产全链条管理，严格规范资产审批程序和性质界定，建立重大项目投入产出效益评价机制，提高成本费用管理精细化水平，完善关联交易管理制度和工资管理办法。

(三)全面夯实基础工作

完善固定资产卡片主数据，定期评估资产使用寿命，加强资产验收、转固、技改、报废等各环节基础管理，实现资产与设备信息同源。准确归集各电压等级运维费用，不断适应外部监管和内部管理需要。

(四)顺应输配电价规则、降低社会用能成本的要求

随着输配电价改革的实施，对自然垄断环节的监管，由购销价差管理模式，改革为以成本为基础核定独立输配电价管理模式。电力设备价值占企业资产总额的90%以上，输配电价取决于存量成本、有效资产、新增投资和电量增长等核心要素，按照“新增投资以不超过75%的比例计入核价有效资产”的核价规定，约有25%的投资无法在监审当期转为有效资产，因此，在现有电网资产基础上，规范运检成本列支，规避低效、无效的成本投入，对降低社会用能成本、减轻实体经济用能负担具有重要意义。

(五)优化营商环境，挖掘效益空间的要求

在国家降成本、去产能、调结构的背景下，电力企业的盈利模式发生深刻改变，以“准许成本+合理收益”为核心的定价制度对盈利空间形成了高度制约。与此同时，我国优化营商环境工作不断向纵深发展，电力企业作为国有骨干企业，一方面必须提高政治站位，在利润空间受到限制的前提下，坚持以人民为中心的发展理念，为电力用户提供更加优质的电力产品和电力服务；另一方面，必须从内部挖潜，通过合理安排成本性支出、提升成本管控效率、优化资金配置等方式，在回收合理成本的同时，发掘合理的效益空间，保障公司自身的高质量可持续发展，也为公司更好地服务于经济社会发展提供坚实基础。

(六)贯彻内外监管规定，落实花钱问效的要求

随着电力体制改革的深入，电力企业经营进入“强监管”时期，公司成本、利润、投资等主要经营指标受到政府全方位监管。同时，随着“依法治企”理念的不断深入，公司不断完善内控机制，对电力设备运检成本项目管理提出了更高的要求，项目管控日趋严格。各类审计巡视显示，公司在规范运检成本资金使用、科学控制成本造价、完善档案管理体系等方面，仍有较大的完善和提升空间，需要以“花钱问效”为导向，持续强化电力设备运检成本项目全过程管理。

总之，为了适应市场经济体制发展的要求，成本管理的关键性日渐凸显，成本管理工作也越来越受到企业管理者和经营者的重视，而科学合理的成本管理机制对电网公司来说必

不可少，只有这样才能获取更大的收益空间。电力企业想要大力提升自己的经营状况，现在成本的管理有很大的待挖掘空间。因此，要进一步树立成本意识、过紧日子思想和花钱问效理念，提升电力设备运检成本项目管理的精益化、科学化水平，强化项目全过程管控，实现电力设备运检成本费用效能效益的最大化，以电力设备运检成本管控水平的提升倒逼运检专业领域内业务、管理转型升级，实现精益管理、精准投资。

第三节　电力设备运检成本管理体系

一、电力企业成本费用划分

电力企业成本费用按照项目专业归口分为：综合计划成本项目（生产大修、生产辅助大修、电力营销投入一成本性、研究开发一成本性、电网数字化一成本性、管理咨询、教育培训）和专项成本项目（B1 生产方向、B2 营业方向、B3 科技信息、B4 生产辅助维修方向、B5 农网维护费支出、B6 企业管理支出、B7 其他专项成本性支出、B8 安全生产费），共两大类 15 小类；按照项目专业细分为：输电检修、变电检修、配电检修、调度通信检修、电能计量等 55 类专业 225 项业务投向。

（一）B1 生产方向

B1 生产方向主要由变电检修运维、配电运检、输电线路检修运维、调度继电保护检修运维、调度通信检修运维、调度信息系统运维、调度自动化检修运维、生产信息系统运维、生产性房产附属构造物维修、生产性房屋维修及生产综合管理等业务投向项目，同步适用农维生产方向项目。

1. 变电检修运维是指为保持变电站设备稳定运行进行的日常修理及维护。包括但不限于变电附属设备检修维护、变电站物业、绿化与围墙清障维护、变电站门禁系统维护、变电运行环境整治、五防闭锁装置检修维护及防小动物，站内电缆沟等防火封堵治理等。

2. 配电运检是指为保持 10kV 及以下配电线路以及设备稳定在运状态进行的日常修理及维护。包括但不限于线路清障、配电线路及设备日常修理、配电线路低电压、重过载治理、配电线路巡视维护、配电线路、台区标准化维护、配电线路带电检测等。

3. 输电线路检修运维是指为保持输电线路及附属设施稳定运行进行的日常修理及维护。包括但不限于 35kV 及以上输电线路登杆检修、杆塔检修、杆上杆下附属设施检修、输电线路巡视、输电线路群众护线、三跨线路治理、输电线路带电检测等。

4. 调度继电保护检修运维是指为保持整定计算平台系统、二次设备实物 ID 赋码贴签系统在运状态日常管理和检修消缺支出。包括但不限于面向对象技术、可视化与数据库建立统一绘图平台、基于实物 ID 赋码贴签继电保护基础信息全景展示等。

5. 调度通信检修运维是指为保持通信线路、设备、基础设施和其防盗以及消防系统的在运状态日常管理和检修消缺支出。包括但不限于通信光缆线路、通信传输网设备、通信 PCM 设备、电视电话会议设备、通信电源系统、通信终端接入网设备、数据通信网、视频监控等通信基础设施、变电站防盗系统、变电站消防系统等。

6. 调度信息系统运维是指为保持电网安全稳定控制系统、设备预检模块、监控大数据分析系统、其他调度信息系统在运状态日常管理和检修消缺支出,包括但不限于电网预防控制、紧急控制和恢复控制等方面改进电网安全稳定控制系统、设备预检模块、监控数据来源、数据存储到后端大数据分析应用等。

7. 调度自动化检修运维是指为保持调度自动化设备、调度自动化软件、自动化机房辅助系统、调度大厅终端显示设备在运状态日常管理和检修消缺支出,包括但不限于电能量主站硬件、调度数据网及安全防护设备监控系统等级保护测评、调控云平台、配网图模系统、自动化机房软硬件、机房布局、空调设备、节能设备、调度大厅大屏显示系统设备接入系统、控制大屏等。

8. 生产信息系统运维是指为保持调度自动化设备、调度自动化软件、自动化机房辅助系统、调度大厅终端显示设备在运状态日常管理和检修消缺支出,包括但不限于智能立项平台、智能运检管控系统、营配调贯通、新能源场站并网合规性管理系统、设备资产精益运维管理系统、技改大修工程资料管理系统及在线智慧评审、其他生产系统等。

9. 生产性房产附属构造物维修项目是指为保障生产性房屋及其附属构造物的正常使用功能,按照计划开展的对生产性房产的附属构造物的预防性、改良性的检测、维修、维保等,包括但不限于生产性用房房屋辅助设施(电梯及附属设备、中央空调及附属设备)、办公区门出入系统(门禁道闸系统及设备)、生产基地构筑物(生产基地附属围墙、生产基地非机动车棚)、生产基地交通设施(生产基地场坪道路、生产基地车位)等的检测、维修、维保。

10. 生产性房屋维修成本项目是指为保障生产性房屋的正常使用功能,防止房屋老化及破损,按照计划开展的预防性、改良性的检查、诊断、维修、保养,包括及时修复房屋使用过程的零星损伤、改善房屋功能和住房环境等。生产性房屋维修范围主要包括运检业务用房(变电站、换流站、配电房、开闭所、线路巡检站等)、调度、通信机房、调度大厅、生产管控中心等日常保养,对破损部位的修缮,房屋功能的恢复改善装修及房屋加固。

11. 生产综合管理项目是指对除输变配、调度通信自动化及生产性房屋及附属构造物之外的设备及其附属设备设施的日常管理和检修消缺,且消缺后设备及其附属设备设施技术参数、运行方式未发生变化可继续保持在运状态。生产综合管理项目范围主要包括:移动终端系统获取移动终端在预设时间段内异常,及时消除终端设备异常的运行维护;以账、物、ID 一致为目的的实物 ID 存量数据治理;改进检测手段以及管理办法,对设备运行状况、稳定性能以及经济性等质量管理进行监督、检查和调整

(二)B2 营业方向

B2 营业方向主要有用电营业、电能计量、市场与能效、营商环境、供电服务及代理购电等业务投向项目,同步适用农维营业方向项目。

1. 用电营业类项目主要包括与电费抄核收、营业业务、营销服务移动作业应用、互动服务渠道建设、前端服务应用升级等业务相关的项目。

2. 电能计量类项目主要包括与电能计量装置、用电信息采集系统、“多表合一”信息采集、检测能力建设、计量体系建设及改造、现场作业安全、反窃电能力建设等业务相关的

项目。

3. 市场与能效类项目主要包括与负荷管理、电能替代、综合能源服务、能效与节能管理、市场化体系建设、自备电厂、充换电设施安全防护及升级改造、客户侧分布式电源服务及储能应用推广、智能用电推广等业务相关的项目。

4. 营商环境类项目主要包括与国际国内营商环境评价、办电服务渠道优化升级、营业网点标准化建设与改造、营业厅服务提升、分布式电源接入等业务相关的项目。

5. 供电服务类项目主要包括与95598供电服务、用电检查及客户用电安全管理、稽查管理等业务相关的项目。

6. 代理购电类项目主要包括与代理购电辅助分析决策、省间与省内、中长期与现货等各类市场交易服务能力提升等业务相关的项目。

(三)B3科技信息和数字化成本项目

1. B3科技信息是指服务于公司和电网发展而组织实施的研究开发项目，主要包括为新产品、新技术、新材料、新工艺、新标准、决策支持技术的研究及试验能力的提升和新技术应用等项目。

根据项目专业方向分类，研究开发项目包括：基础性和前瞻性技术研究、重大关键技术研究、运营性技术研究、先进适用技术示范与应用、决策支持技术研究、试验能力提升等。根据项目所属科研技术领域分类，研究开发项目包括：电网形态与规划、电网分析与控保、电力系统自动化、输变电器件与装备、输变电工程设计施工与环保、输变电设备运维、配电网与分布式电源、用电能效与综合能源、大规模新能源并网控制、储能本体及并网控制、电力通信、电力信息与网络安全、电工新材料、传感与量测、人工智能、电力芯片、决策支持等。

2. B3数字化成本项目是指电网数字化领域内的咨询设计，信息系统开发实施、优化改造、更新升级、综合评估，数据资源接入、处理和应用，网络安全服务等相关项目，范围涵盖企业中台、业务应用、数据价值、全场景安全运行等方面。按照项目性质分类，一般分为咨询设计类、开发实施类、业务运营类、数据工程类等。

(1)咨询设计类项目包括电网数字化领域的顶层设计、总体设计、专项研究等咨询和设计项目。

(2)开发实施类项目包括信息系统(平台)功能设计和利用各类编程语言进行开发(含需求分析、系统设计和开发等工作)，以及开发工作完成或购买套装软件后的配套安装、配置、调试和培训等工作的项目。

(3)业务运营类项目包括以对系统运行、业务应用、用户行为等的常态统计分析为基础，开展系统优化改造、应用敏捷迭代、内容更新升级、网络安全服务、可研论证评估、后评估、绩效评估等相关工作的项目。

(4)数据工程类项目包括对数据资源进行接入整合、加工处理和开发利用，通过数据分析挖掘实现数据价值的项目。

(四)B4生产辅助维修项目

B4生产辅助维修项目是指为保障房屋及设备设施(不含变电站、开闭站、生产厂房、水电站、发电站、其他厂房及其设备设施)正常使用，维持设备设施性能和使用效率，满足业务功能调整和应急保障需要,解决突发性损伤和不可预见故障且未纳入生产辅助维修专项计划而进行的维修。

B4 生产辅助维修包括下列分系统:结构分系统、围护分系统(含室外)、装饰装修分系统、给水排水分系统、供热采暖分系统、空调通风分系统、电气分系统、电梯(机械车库)分系统、建筑智能化(含消防)分系统。

(五)B6 企业管理项目

B6 企业管理项目包括企业研究、广告宣传、中介服务等项目,一般为各单位独立实施项目。

企业研究类项目是指公司各部门、各单位为实施企业战略研究、增强科学决策能力、提高研究转化水平而开展的项目。广告宣传类项目是指为公司形象、公司文化等开展的宣传推广、发布广告等活动发生的费用;中介服务类项目包括公司所涉及法律案件聘请外部律师服务,外部事务所对项目实施情况及公司经营情况的审计服务,外部机构的资产税务鉴证服务及公证、认证服务等费用支出,发展规划咨询,工程前期咨询,管理建议咨询,以及由于总体规划变更、评审未通过等原因最终未立项,无法列支在项目成本里的项目规划、可研编制等费用。

(六)B8 安全生产费项目

B8 安全生产费项目主要有安全设施维护、应急能力建设、风险隐患整治、安全检查评价、安全宣传教育、安全防护用品、安全技术应用、安全设施检验、安全生产责任保险和其他安全支出等业务投向的项目。

1. 安全设施维护是指为完善、改造和维护安全防护设备、设施支出(不含按照"建设项目安全设施必须与主体工程同时设计、同时施工、同时投入生产和使用"规定投入的安全设施、设备),包括但不限于发电、输电、变电、配电等设备设施的安全防护及安全状况的完善、改造、检测、监测及维护,作业场所的安全监控、监测以及防触电、防坠落、防物体打击、防火、防爆、防毒、防窒息、防雷、防误操作、临边、封闭等设施设备支出。

2. 应急能力建设是指为配备、维护、保养应急救援器材、设备设施支出和应急救援队伍建设、应急预案制修订与应急演练支出,包括但不限于配备、维护、保养应急救援器材、设备设施支出(含应急救援基地、应急队伍、应急指挥、应急装备等方面有关器材、设备设施,不含应急救援基地建设有关场地、规划、设计、施工)、完善、改造、检测、维护应急指挥中心的设备、设施支出(不含应急指挥中心建设支出,以及"三同时"要求初期投入的配套安全设施支出)。

3. 风险隐患整治是指为开展重大危险源检测、评估、监控支出,安全风险分级管控和事故隐患排查整改支出(不含水电站大坝重大隐患除险加固支出、燃煤发电厂贮灰场重大隐患除险加固治理支出),安全生产信息化、智能化建设、运维和网络安全支出,包括但不限于安全风险管控监督平台、安监管理平台、应急指挥系统、电力监控系统网络安全监测平台等安全生产信息化、智能化的建设、运维和网络安全支出,数字化安全管控终端(含布控球、执法记录仪等)以及安全监控、监测装备设施的配置、保管、维护等支出,人工智能、电力北斗、大数据、物联网、区块链、边缘计算、5G 等各类新技术新装备在安全管理、应急救援等领域配置、运维等支出,网络、信息、通信、电力监控等安全防护平台建设、运维及值班监视、专项保障支出，网络安全特征库、规则库和漏洞库的更新维护以及主机加固、各类探针等支出。

4. 安全检查评价是指为安全生产检查、评估评价（不含新建、改建、扩建项目安全评价）、咨询和标准化建设支出，包括但不限于安全管理体系建设运转、管理咨询、技术服务、评价、认证服务等支出，安全督察中心的建设、运行、维护支出，安全监察设备、装备、车辆、无人机等配置、保管、维护支出，安全生产责任制、风险管控、隐患排查、监督检查、反违章、应急管理、事故调查等的咨询、研究、评价、服务等支出，网络安全等保测评、技术监督、安全风险评估、密码应用安全性评估及密码应用、安全性评估等支出，与安全相关的内外部管理咨询、安全技术服务等支出。

5. 安全宣传教育是指为安全生产宣传、教育、培训支出，包括但不限于安全文化建设，安全文化理念、体系推广应用等各类安全宣教支出；安全文化阵地、安全教育室（厅、廊）、安全文化墙（廊）等建设支出，安全宣传、警示、教育等视频、书本、展板等制作，安全生产月、安全宣传、安全知识竞赛、安全大讲堂、安全演讲演出等安全宣教活动支出，安全实训基地、安全警示教育和体感中心建设及日常运维支出。

6. 安全防护用品指配备和更新现场作业人员安全防护用品支出。包括但不限于安全工器具的配置、维护支出，人员防触电、防坠落、防物体打击、防火、防爆、防毒、防窒息、防暴力等安全防护用品装备支出。

7. 安全技术应用是指为安全生产适用的新技术、新标准、新工艺、新设备的推广应用支出，包括但不限于新型安全工器具（不含带电作业专用）的推广应用支出，安全生产、安全管理、监督检查、应急救援、应急指挥、应急通信、应急供电等方面新技术、新标准、新工艺、新设备的推广应用支出。

8. 安全设施检验是指为安全设施及特种设备检测检验、检定校准支出，包括但不限于锅炉、压力容器（含气瓶）、压力管道、电梯、起重机械、客运索道、场（厂）内专用机动车辆等特种设备本体、安全附件、安全保护装置的完善、改造、检测、监测及维护支出，安全工器具（不含带电作业专用）试验、检测支出，安全工器具试验、检测设备设施购置、更新、维护、改造支出，安全工器具检测中心（机构）建设、改造、维护、认证支出；安全工器具库房等安全工器具保管、存放场所（不含带电作业专用）的建设、改造、维护支出，以及安全工器具保管、存放设施设备的配置、维护和完善；安全工器具电子标签、出入库扫终端、货架（含智能柜）等配套设施购置、更新、改造及维保支出，发电、输电、变电、配电等安全设施及特种设备的检测检验、检定校准支出。

9. 安全生产责任保险费是指安全生产责任保险支出。

10. 其他安全支出是指与安全生产直接相关的其他支出。

二、电力设备运检成本定义与项目边界管理

（一）电力设备运检成本的定义

电力企业的成本项目，项目类型一般涵盖生产大修、生产辅助大修、电网信息化、研究开发、电力营销投入、检修运维项目（含农维费）等，重点项目包括但不限于输电线路清障、护线、变电设备防腐防污消防措施实施、配电设备检修、供电服务业务费（含低压用户人工抄

表、催费、智能电表维护等项目)、信息化投入及运维、租赁费、物业费等。其中,电力检修运维成本为主要支出,是指电力设备及设施日常运维、检修和应急抢修所产生的材料费、修理费等。

电力设备及设施是指与电力生产有关的生产设施及附属(辅助)设施,包括电网一次设备、物联网系统、站内自动化系统、继电保护及安全自动装置、生产建筑物、构筑物、生产车辆等辅助及附属设施、安全技术劳动保护设施、试验及监(检)测装备等。

电力设备运检成本项目是指为恢复资产(包括设备、设施以及辅助设施等)原有形态和能力,按项目制管理的修理性工作。运检成本不增加固定资产原值,是企业的一种损益性支出。

电力设备运检成本项目范围包括电厂设备、电网一次设备、厂站自动化系统、调度自动化系统、继电保护及安全自动装置、电力通信系统、自动控制设备、电网(厂)生产建筑物、构筑物等辅助及附属设施、安全技术劳动保护设施、非贸易结算电能计量装置、监测装置等。

(二)电力设备运检成本项目与资本性项目的边界

由于电力设备运检成本项目不增加固定资产原值,是企业的一种损益性支出,因此严禁列据、采购相关固定资产设备。固定资产是指为生产商品、提供劳务、出租或经营管理而持有的、使用寿命超过一个会计年度的有形资产。固定资产的分类和具体范围按公司固定资产目录执行(见表 1-1)。电力设备运检成本项目边界管理注意事项:

(1)对于项目中形成独立固定资产的(按公司固定资产第二级目录确定,固定资产第三级目录重要组成设备不视为独立固定资产),应列为生产技改项目。

(2)对于项目中更换或新增设备组部件的,项目支出达到取得固定资产时的计税基础(固定资产原值)50%及以上,应列为生产技改项目。

(3)考虑到输电线路中杆塔在资产价值中占比较大,因此单条输电线路更换杆塔超过限定数量时应列入技改,目前暂以改造前规模 5 基为限。

表 1-1　电力企业固定资产目录

固定资产分类	固定资产名称	重要组成设备名称	登记单位	其他附属设备	备　注
一、输电线路					添架在输电线路上的通信线路作为通信线路登记。登记对象应分电压等级。每条线路应注明电压等级(kV)
1. 输电线路					
(1)架空输电线路					

（续表）

固定资产分类	固定资产名称	重要组成设备名称	登记单位	其他附属设备	备注
	架空输电线路		公里/条	包括金具、避雷器、避雷针、故障指示器、航巡指示器、防鸟装置、防坠装置、航空障碍装置、防舞动装置、放电间隙装置、防冰雪装置、清扫环、接地挂环及其他	按单条线路建资产卡片，电压等级在卡片属性中体现
		导线	公里		包括 OPPC
		架空地线	公里		包括 OPGW
		杆塔	基		包括基础、横担、接地装置
		绝缘子	串/条		
(2)电缆输电线路					
	电缆输电线路		公里/条		按单条线路建资产卡片，电压等级在卡片属性中体现
		电缆	公里/条		
		电缆接头	个		包括：电缆终端头、中间接头
		电缆分支箱	个		
		终端场	台		
(3)接地极线路					
	接地极线路		公里/条		
二、变电设备					发、输电环节变电设备
1. 直流设备					
(1)换流阀					
	换流阀		塔	晶闸管堆、阻尼电阻、阻尼电容、阳极电抗器、晶闸管电子回路板、结构件、绝缘子、冷却水管、光导、串联侧换流器、并联侧换流器等	以一个阀塔为登记对象

（续表）

固定资产分类	固定资产名称	重要组成设备名称	登记单位	其他附属设备	备　注
(2)换流变压器					
	换流变压器		台	包括变压器附件	注明容量(kVA)、电压等级(kV)
		分接开关	台		
		套管	只		包括套管 CT
		冷却系统	套		
(3)直流一般设备					
	平波电抗器		台	包括电抗器附件	注明容量(kVA)、电压等级(kV)
	直流滤波器		组	包括直流滤波电容器、直流滤波电抗器和直流滤波电阻器	注明电压等级和调谐次数
	电抗器(换流)		台	包括绝缘子、支架	注明电感量,仅包括直流滤波器、交流滤波器、直流 PLC、交流 PLC 之外的电抗器
	直流电容器		组	包括绝缘子、支架	注明电容量和台数,仅包括直流滤波器、直流 PLC 之外的电容器
	电阻器		台	包括绝缘子、支架	注明电阻值,仅包括直流滤波器、交流滤波器、直流 PLC、交流 PLC 之外的电阻器
	直流电流和电压测量装置		台	包括直流噪声滤波电容器	包括换流站内使用的组合式的直流电流和直流电压测量装置
	直流电压测量装置		台	包括相应的电子元件	注明电压等级(kV),包括直流分压器等
	直流电流测量装置		台	包括相应的电子元件	注明电压等级(kV),包括光 CT 和零磁通 CT 等
	直流套管		只		注明电压等级(kV),包括独立供货的直流套管和直流穿墙套管
	直流电力线载波(PLC)		组	包括直流噪声滤波电容器	

（续表）

固定资产分类	固定资产名称	重要组成设备名称	登记单位	其他附属设备	备　注
	直流断路器		台		包括直流断路器附件、直流振荡过零装置
	直流隔离开关		台		包括直流隔离开关附件
	接地极		个		包括接地极本体和接地极侧的相关附属设备
	直流避雷器		组/台		
	直流接地隔离开关		台		
	极母线		米		注明电压等级，按极和中性母线分别建立资产卡片
	可控自恢复消能装置		台	晶闸管堆、阻尼电阻、阻尼电容、阳极电抗器、晶闸管电子回路板、结构件、绝缘子、耗能电阻、光导等	柔直新设备
	DC/DC变换器		台		
	直流开关柜		台		
	电力电子变压器		台		
	桥臂电抗器		台		
	调相机		台		
	调相机励磁装置		套		
	调相机变频启动装置(SFC)		套		
(4)辅助设备					
	阀冷却系统		套	包括水冷和风冷，包括阀外冷却系统和内冷却系统，包括冷却系统所有附件及其控制保护装置	
	工业水、生活水系统		套	包括水井、引水管道、水泵、水池、消毒仪、过滤器及控制电源柜等	

（续表）

固定资产分类	固定资产名称	重要组成设备名称	登记单位	其他附属设备	备　注
	换流站消防系统		套	包括消防泵、消防水池、雨淋阀、水管、火灾探测器及控制装置等	
	断路器冷却系统		套	包括水冷和风冷，包括断路器外冷却系统和内冷却系统，包括冷却系统所有附件及其控制保护装置	类似断路器冷却系统，为水冷系统附属设备
	变电站辅助综合监控		套		
	排水系统		套		包括排水泵、管道等
	调相机润滑油系统		套		
	调相机除盐水系统		套		
	调相机转冷水系统		套		
	调相机定冷水系统		套		
	调相机外冷水系统		套		
2. 交流设备					
(1)交流变压器					
	主变压器		台		
		分接开关	台		
		套管	只		包括套管 CT
		冷却系统	套		
(2)交流一般设备					
	厂用变压器		台		包括动力、照明、串联、并联变压器等，发电厂使用

（续表）

固定资产分类	固定资产名称	重要组成设备名称	登记单位	其他附属设备	备　注
	所用变压器/柜		组/台		站用变组及柜式所用变，组合设备内所用变压器，不单独建卡片管理，其价值分摊到组合设备上建卡管理
	接地变压器		台		消弧线圈接地变成套装置，单独建卡片管理；其他设备不单独建卡片管理
	矿用隔爆变压器		台		
	交流滤波器		组	包括交流滤波器电容器、交流滤波器电抗器和交流滤波器电阻器	注明电压等级和调谐次数
	交流电力线载波（PLC）		组	包括阻波器	
	励磁变压器		台		
	SFC 启动隔离变		台		
	中性点成套装置		套	包括中性点避雷器、隔离开关等	
	主变冷却系统		套	冷却器、冷却系统控制系统	地下变压器专用，新能源设备
	断路器		组/台		指非柜式设备，包括空气压缩机、空气开关、可控硅开关、二次电缆、端子箱等
		操作机构	套		
		套管	只		
		控制柜	台		
	串联补偿装置		套		
	静止无功补偿装置		套		
	电抗器（交流）		台		包括交流的油抗、干抗及本体
	电力电容器（组）		组/台		

（续表）

固定资产分类	固定资产名称	重要组成设备名称	登记单位	其他附属设备	备 注
	电压互感器		组/台		指非柜式设备，包括光电式、电子式互感器
	电流互感器		组/台		指非柜式设备，包括变电站内常规电流互感器、光电式、电子式互感器、三相互感器，换流站内交流场和交流滤波器用交流常规 CT 和光 CT。电流互感器分为内置、外置，内置电流互感器为断路器附属元件，不单独建卡片管理
	组合互感器		组/台		
	隔离开关		台		包括接地开关
	负荷开关		台		指非柜式设备，如是柜式设备将负荷开关计入所在柜内不单独作为固定资产登记对象
	消弧装置		组		指非柜式设备，为成套装置，标明成套装置所包括设备，如消弧线圈闸刀、小电流接地选线装置、消弧线圈压变、消弧线圈控制器、消弧线圈避雷器等
	避雷器		组/相		阀型 220kV 及以上形成资产级
	组合电器（变电）		个		包括 GIS，H－GIS，罐式断路器和 GIL 开关站内组合电器
	穿墙套管		组/只		35kV 以上为资产级
	母线		组		
	开关柜（变电）		台		包括柜内断路器、隔离刀闸、电流互感器、避雷器等设备
	小回路组合开关		台		
	隔爆控制开关		台		
	隔爆馈电开关		台		
	隔爆磁力启动器		台		

（续表）

固定资产分类	固定资产名称	重要组成设备名称	登记单位	其他附属设备	备注
	隔爆型照明信号综合保护装置		台		
	充气柜		台		主要功能为架空进出线、电缆进出线、母线联络
3. 电力电缆					站内电缆，变电站二端均在同一站内的电力电缆
	站内电力电缆		公里/条		站内电缆，两端均在同一变电站内的 10kV 及以上电力电缆。0.4kV 及以下站内电缆不单独建资产卡片管理，其价值应分摊到与其相连接的设备上建卡管理
三、配电线路及设备					
1. 配电线路					10kV 及以上配电线路，应按照“一线一卡”原则建立固定资产卡片；0.4kV 以下低压配电线路，按照“台区”建立固定资产卡片，但配电线路价值不包括安装在线路上的配电变压器、电容器等价值。每条线路应注明电压等级（kV）
（1）架空配电线路					
	架空配电线路		公里	避雷器、刀闸、熔断器	
		导线	公里		
		杆塔	基		包括绝缘子、金具、横担、自落熔丝等
		柱上断路器	组		配电用柱上断路器为三相一体，配套的 FTU 配电终端、一二次融合开关单独形成资产卡片，单独 FTU 列入配电自动化
		重合器	台		

（续表）

固定资产分类	固定资产名称	重要组成设备名称	登记单位	其他附属设备	备　注
		柱上负荷开关	台		
		电缆	公里/条		两个电缆接头之间的电缆段
		电缆头	个		电缆终端头、中间接头
		电缆分支箱	个		10kV及以上户外电缆分支箱
		电缆分界室	座		10kV及以上户内高压配电电缆分界室，其中包括多组站内环网柜，按组对应配电电缆线路归集打包
(2)电缆配电线路					
	电缆配电线路		公里/条		
		电缆	公里/条		两个电缆接头之间的电缆段
		中间接头	个		
		电缆分支箱	个		10kV及以上户外电缆分支箱
2. 配电设备					
	配电变压器		台		箱式变电站内配电变压器不建卡
	箱式变电站		座		预装式配电站
	环网柜		台		包括户内和户外型，包括配电终端（DTU）
	电容器/柜		组/台		
	配电所母线		组		指非柜式设备。如是柜式设备将母线分段计入所在柜内
	配电变压器柜		台		站内柜式变压器
	组合电器（配电）		个		包括C-GIS等设备
	开关柜（配电）		台		非箱式变电站、环网柜中开关柜
	电器组合柜		台		
	隔爆配电装置		台		
	变频器控制箱		台		
	低压电力电子设备		台		
	直流配电设备		套		

三、电力设备运检成本项目的费用组成

电力设备运检成本项目支出是指供电企业在生产经营过程中，为保持现有与电力生产有关的生产设施及附属（辅助）设施形态和能力，所组织的生产设备大修和日常检修运维发生的成本支出，包含自营材料费、外包材料费、外包检修费以及委托运行维护费，采用项目化、非项目化两种管理模式。项目化管理模式下，预算与核算均按项目执行，基于生产性大修项目或日常检修运维项目下的工单进行材料领用和服务确认。非项目化管理模式下，核算均按工单执行，以工单为载体进行材料领用、服务确认等业务操作实现运检成本归集与反映。

（一）检修运行材料费

检修运行材料费包含自营材料费和外包材料费，其中自营材料费是指电力企业生产经营过程中因自行组织设备大修、抢修和日常检修发生的材料消耗，包括装置性材料费用和消耗性材料费用；外包材料费是指电力企业委托外部单位进行设备大修、抢修和日常检修等业务中，需要企业自行购买的材料，包括装置性材料费用和消耗性材料费用。

（二）外包检修费

外包检修费是指电力企业因受人员、技术和机械装备等因素限制，企业自身无法自行开展检修工作，而将检修项目包给外部单位而发生的材料、人工、机械台班费用、措施费、间接费、利润及税金等全部支出。目前，外包检修业务存在包工不包料和包工包料两种模式。

（三）委托运行维护费

委托运行维护费是指电力企业委托其他单位进行运行维护、设备设施运行、电动汽车充电设施运行维护等支付的费用。

四、电力设备运检成本费用管理职责划分等

电力设备运转成本项目管理遵循“公司统筹管理、专业归口指导、各单位分级负责”的原则，坚持“成本边界管控”理念，清晰界定项目管理权责范围，完善项目管控机制，实现项目规范有序管理。

（一）归口管理部门

各级财务部门是项目预算归口管理部门，其主要职责如下：

1. 负责组织各级经研院（所）对项目可研经济性与财务合规性进行审核，会签专业归口部门项目可研批复文件。

2. 负责审核项目储备库中项目储备资料的完整性、规范性，将符合要求的项目在储备库中固化。

3. 负责统筹平衡各类项目年度预算规模，审核各部门编制的成本项目预算。

4. 负责组织业务部门编制项目月度现金流量预算，负责项目执行各环节的资金归口管理。

5. 负责对项目预算执行情况进行监督与检查，组织业务部门分析项目执行过程中存在的问题并督促整改。

6. 负责建立并完善项目后评价工作机制，组织常态化开展项目后评价工作，对公司各类成本投入的产出情况进行客观合理评价，实现成本管理闭环。

(二)项目管理责任部门

各级业务部门是项目管理责任部门，做好成本项目化全过程精益管理工作。各级项目需求提报部门是项目立项实施的直接责任部门，规范做好项目立项、可研编制、储备录入、预算编制及调整、招标提报、合同签订及履约、进度跟踪、完工结算等全过程项目管理工作。其主要职责如下：

1. 设备部：各级设备部(运检部)是“生产大修、B1 生产方向、B5 农网维护费支出－生产方向”等项目的归口管理部门，负责组织开展项目可研评审、批复、下达并会签财务部门，提出项目预算安排建议，开展项目预算执行情况分析及项目成效验收评价。

2. 营销部：各级营销部是“营销投入、B2 营业方向、B5 农网维护费支出－营业方向”等项目的归口管理部门，负责组织开展项目可研评审、批复、下达并会签财务部门，提出项目预算安排建议，开展项目预算执行情况分析及项目成效验收评价。

3. 科技部：各级科技部是“研究开发、B3 科技信息－研发”等项目的归口管理部门，负责组织开展项目可研评审、批复、下达并会签财务部门，提出项目预算安排建议，开展项目预算执行情况分析及项目成效验收评价。

4. 数字化部：各级数字化部是“电网数字化、B3 科技信息－数字化、B3 科技信息－信息系统运维”等项目的归口管理部门，负责组织开展项目可研评审、批复、下达并会签财务部门，提出项目预算安排建议，开展项目预算执行情况分析及项目成效验收评价。

5. 后勤部：各级后勤部是“生产辅助维修、B4 生产辅助维修方向、B7 其他专项成本性支出－物业管理、B7 其他专项成本性支出－绿化费支出”等项目的归口管理部门，负责组织开展项目可研评审、批复、下达并会签财务部门，提出项目预算安排建议，开展项目预算执行情况分析及项目成效验收评价。

6. 办公室：公司办公室是“软科学课题、B6 企业管理支出－企业研究”等项目的归口管理部门，负责组织开展项目可研评审、批复、下达并会签财务部门，提出项目预算安排建议，开展项目预算执行情况分析及项目成效验收评价。

7. 宣传部：各级宣传部(党建部)是“B6 企业管理支出－广告宣传”项目的归口管理部门，负责组织开展项目可研评审、批复、下达并会签财务部门，提出项目预算安排建议，开展项目预算执行情况分析及项目成效验收评价。

8. 物资部：各级物资部是“B7 其他专项成本性支出－设备检测费支出”项目的归口管理部门，负责组织开展项目可研评审、批复并会签财务部门，提出项目预算安排建议，开展项目预算执行情况分析及评价；负责物资、服务招标批次与项目预算下达时间的衔接。

9. 安监部：各级安监部是“B8 安全生产费”项目的归口管理部门，负责组织开展项目可研评审、批复、下达并会签财务部门，提出项目预算安排建议，开展项目预算执行情况分析及项目成效验收评价；负责统筹标识其他项目安全生产费标签。

10. 人资部：公司人资部是教育培训项目的归口管理部门，负责组织开展项目可研评审、批复、下达并会签财务部门，提出项目预算安排建议，开展项目预算执行情况分析及项目成效验收评价。

11. 发展部:各级发展部是"B6 企业管理一规划咨询"项目的归口管理部门,负责组织开展项目可研评审、批复、下达并会签财务部门,提出项目预算安排建议,开展项目预算执行情况分析及项目成效验收评价。负责将纳入综合计划管理的成本项目投资计划与预算衔接,开展项目计划执行情况分析与监督。

12. 法律部:负责指导本单位业务部门项目物资和服务合同的签订,审查合同的合法合规性。

13. 审计部:负责对项目执行情况和结算审计质量进行监督检查,并就发现的问题提出整改意见。

14. 纪委办:负责对项目违规违纪问题开展巡视巡察,并就发现的问题提出处理意见。

15. 各级经研院(所)、设计院、咨询公司等系统内具备评审资质的单位负责项目可研评审支撑工作,协助各专业归口管理部门组织开展项目可研评审,对评审通过项目及时出具评审意见。

第二章　电力设备运检成本项目可研评审管理

第一节　电力设备运检成本项目重点投向

一、明确重点投向分类的重要性

目前电力企业成本项目的重点投向缺乏统一标准，总部制定了重点投向分类的整体框架（含日常维护检修、隐患反措整治、应急抢修、专项重点工作、其他共五类），各省份根据自身情况确定省内标准。经调研，一方面，各省重点投向的定义大体一致，但具体分类差异较大，不利于总部对各省设备生产成本投向的横向比较和各类资金预算的编制；另一方面，省内储备重点和重点投向划分方式不统一，可能会出现成本项目管理衔接不顺畅的问题。

（一）建立统一的立项标准的需要

目前各省间、省内各地市间对重点投向的项目划分无统一标准，填报人员也存在不同的理解，导致成本项目申报时的重点投向划分较为混乱。亟须建立一套统一的划分标准，准确划分成本项目的专业性质、业务活动、重点投向，提高立项评审效率与合理性，便于进一步制定各类业务的运检参考成本手册，使立项成本列支有据可依。

（二）提升项目精益化管控效率的需要

成本项目的类别划分直接关系到量化分析底层数据的质量，是量化结果可靠可信的重要前提，否则将导致成本异常波动或掩盖成本变化的真实原因。因此明确成本项目类别，有助于挖掘各类成本的内在构成规律与纵向变化规律，提高历史成本数据与关联性分析的精准性，有效制订资金使用计划，提高资金预算编制的准确性。

（三）形成项目标签管理规范的需要

构建成本项目结构化信息，逐步实现分项目类型、分地市、分专业、分电压等级等多维度标签，便于进行数据统计、分析的功能。如展示省、市、县单位当年投资规模、投资计划调整等核心要素全景图；展示各专业投资分配、近几年投资规模趋势图；重点滚动展示重要项目计划；穿透展示项目关联主要设备规模；实时展示项目竣工率、资金入账率、项目关闭率等核心要素指标，辅助项目进度管控。

（四）利于后期成本项目后评价工作开展的需要

根据项目重点投向，可逐步建立成本项目各专业、各类型业务的项目群，便于分析成本项目的实施规模、数量和成效，进一步健全成本项目全过程闭环管控机制，强化成本项目全链条精益管理，提高项目投入产出效率。

（五）实现成本数据价值最大化的需要

在成本项目结构化管理的基础上，结合最新的知识图谱技术，未来可进行语义搜索和推理，辅助挖掘成本项目全流程中模式、趋势和关联，提供有价值的洞察和决策支持，如分析成本与业务量之间的关系。

二、有关单位实践

有关单位已初步建立成本项目重点投向分类标准（见表 2－1），可为成本项目前期立项储备、可研等工作提供依据，例如“其他”投向中输、变、配、通信专业库房及生产专业仓库日常运维标签明确了 B1 生产方向类的具体项目类别，有效提升了成本项目前期立项储备的流畅性，也为成本进度管理、量化分析、后评价工作的科学精准开展提供支撑。

表 2－1　成本项目重点投向分类标准

重点投向	项目类别
日常维护和检修	变电设备的日常维护、检修、试验、检测、设备拆装移位： 一、变电检修，业务类型包括检修、维护、试验、设备拆装移位及运输，检修对象主要为： 1. 变电站（换流站）一次设备、交直流系统以及一次设备附属设施（如在线监测装置等）； 2. 站内电缆、接地、母线、避雷针、构支架等辅助材料。 二、变电运维，业务类型包括检测、检修、维护、试验、设备拆装移位及运输，维护对象主要包括： 1. 站内绿化与清障； 2. 门禁系统； 3. 五防闭锁系统； 4. 站内建筑物、电缆沟等防火、防小动物封堵治理（如防火隔墙设置、孔洞封堵、电缆管口封堵、防火涂层或防火包带、防火分割等）； 5. 建筑物、地坪、道路、围墙大门、电缆沟、门窗等土建设施； 6. 消防设施； 7. 运维其他附属设施（标识标志牌、空调、除湿机、通风、机器人、机巢、给排水、照明、监控系统、智巡系统等）
	二次设备的日常维护、检修、试验、维保、容量升级、设备拆装移位，主要包括继电保护、主站自动化、厂站自动化、通信等设备，其中通信包括： 1. 通信光缆及其附属设施的检修、维护、更换； 2. 通信设备及附属设施的日常运行维护、维保、检修、试验、容量升级（包含传输网、业务网、支撑网、终端通信接入网及其他）； 3. 通信用房（包含通信机房、蓄电池室、网管室等）基础环境、基础设施优化提升及维护； 4. 通信网管系统（包含通信专业网管、综合网管等）的检修、功能完善及安全防护提升； 5. 调度监控值班

（续表）

重点投向	项目类别
日常维护和检修	输电设备的日常维护、检修、试验、检测、设备拆装移位： 1. 输电线路本体及附属设施检修维护； 2. 输电线路通道治理； 3. 防雷、防污闪、防风偏、防鸟害、防冰、防触电、防外破、防山火等隐患治理； 4. 巡检及数字化(群众护线、直升机巡航、智能化巡检、输电线路在线监控装置检修维护等)； 5. 输电特殊检测(X光探伤、紫红外线测温、绝缘子零值等)； 6. 其他常规检修、更换、维护，包括护坡防撞、各类标识维护等
	配电设备的日常维护、检修、试验、检测、设备拆装移位，包括： 1. 配电设备日常维护检修； 2. 配电线路日常维护检修； 3. 配电线路通道清理； 4. 配电线路巡视(人工巡视、智能化巡检)； 5. 防雷、防污闪、防鸟害、防风偏、抗冰、防外破、防火治理等； 6. 不停电作业相关业务，包括带电作业实施、特种作业车维保、带电作业工器具检修及试验； 7. 其他常规检修、更换、维护，包括护坡防撞、各类标识维护等
	综合：防汛、技术监督(电气检测、材料检测、项目制技术符合性监督)，重要时段保电专项工作
隐患反措整治	变电设备： 一、变电检修：1. 变电一次设备隐患缺陷治理；2. 交直流系统隐患治理；3. 站内电缆隐患治理；4. 其他涉及设备隐患、反措整治费用 二、变电运维：1. 变电站环境隐患治理；2. 防凝露治理；3. 其他变电站辅助设备隐患治理
	二次设备缺陷隐患治理，含继电保护、主站自动化、厂站自动化、通信等设备，其中通信包括：1. 通信光缆隐患治理；2. 通信设备隐患治理；3. 通信用房隐患治理；4. 通信网管系统隐患治理；5. 其他隐患治理
	输电：老旧线路隐患治理
	配电：1. 配电设备环境、配电室环境综合治理；2. 防凝露治理
应急抢修	因设备故障、恶劣天气、自然灾害、社会因素等导致的应急抢修
	灾后恢复
专项重点工作	变电专项：一键顺控完善，远程智能巡视完善，新一代集控站功能完善
	输电专项：全景平台、各类在线监测装置部署，运检新技术新装备应用
	配电专项：配电自动化专项，包括云主站运维、配自类设备到货检测等；配网裸导线大档距治理；配网绝缘化治理，包括架空裸导线绝缘化、线路绝缘涂覆运维等；配网重过载治理；配网低电压治理；运检新技术新装备应用
	通信专项：通信网络架构完善提升、保护业务“双装置/双接口、三路由”治理
	运检综合：信息系统录入、运维、分析、提升(含移动终端维护、电压监测仪等)；信息系统数据治理；实物ID等
其他	生产车辆年度保养；仪器仪表、工具用具保养维护(安全工器具除外)；输、变、配、通信专业库房及生产专业仓日常运维；保洁、保安；技术服务；方案审查；可研编制；备品备件补充；生产基地附属构造物维修(包括房屋辅助设施、门禁出入系统、构筑物、交通设施等)；配网规划技术支撑；其他

第二节　电力设备运检成本项目立项及可研评审管理模式

一、项目立项

项目立项前，业务部门应对项目进行需求论证，确保拟立项项目满足生产经营实际需要，符合国家财经法规和公司规章制度规定。需求论证通过后方可立项，并牵头组织开展可研编制、评审、批复、储备等工作。其中：A、B类项目立项论证由公司专业归口管理部门牵头组织开展，C类项目立项论证由各单位牵头组织开展。

项目排序。公司成本项目实行评级管理，成本项目按轻重缓急和实施时序将项目评为Ⅰ级、Ⅱ级、Ⅲ级三档，根据公司经营目标实行动态调整。其中：Ⅰ级为服务经营发展的基本项目和本质安全、生产运行相关的刚需项目；Ⅱ级为满足基本生产经营的前提下，服务于长远发展需要的拓展、优化提升项目；Ⅲ级为在投入能力富余情况下可安排实施的设备质量再提升、服务质量再优化项目。原则上，各类项目应按照优先级排序从储备库内挑选实施。

二、可研评审管理模式

项目可研评审采用"省级＋地市"两级评审模式，省公司专业归口部门负责组织开展A、B类项目的可研评审，市公司(直属单位)专业归口部门负责组织开展本地区C类项目的可研评审。各级经研院(所)、系统内其他具备资质的单位负责做好可研评审支撑工作，并出具项目可研评审意见。各级经研院(所)因承载力有限无法支撑全部成本项目可研评审工作的，项目实施单位可直接委托系统内具备资质的设计咨询单位开展可研评审工作，并按照合理的费率水平支付评审费。

(一)评审专家

省、市两级应分别成立项目可研评审专家库。每次评审会，专业归口部门负责从专家库抽取技术专家(是指专业管理、技经专家统称)，每组技术专家不少于3人；财务部门负责从专家库抽取财务专家，每组不少于1人；评审专家总人数应为奇数。评审专家应独立发表意见。

(二)评审内容

评审内容主要是对项目的必要性、可行性、经济性、财务合规性及预期成效进行审查，技术专家负责项目必要性、技术方案可行性及项目预期成效合理性审核，财务专家会同技经专家共同负责可研经济性与财务合规性审核。

(三)评审资料

评审资料主要为项目可研报告(项目建议书)、可研估算书以及必要性佐证材料，包括但不限于频繁修理专项说明、主要设备材料清册、拆旧物资清单、查重情况说明等。

(四)评审流程

评审流程包括确定项目清单、制订时间计划、选取评审地点、挑选评审专家、收集评审资料、可研汇报、专家提问、问题记录与反馈、可研修改与复审、可研收口等环节。评审组终审意见经专业归口部门审核确认后交由经研院(所)或其他具备资质的单位,在10个工作日内出具正式评审意见。

第三节　电力设备运检成本项目可研评审要点

一、资料完整性审核

(一)总体要求

单个项目总额在200万元及以上的项目应编制可研报告,其他项目编制项目建议书。提报相关材料包括但不限于可研报告或项目建议书、频繁修理专项说明、拆旧物资清单、投资估算明细表等。

(二)项目基本情况

项目名称(应包括实施单位、年份、所属站线、检修事项等内容)、修理设备(部件)、功能位置、设备使用年限、频繁修理情况、检修运维内容及金额。

(三)项目可研资料

包括项目可研报告或项目建议书、估算书及其他说明性材料(如项目估算额与选取的类似项目支出成本的对比分析及说明、与本项目类似程度的分析及说明、与成本项目对应的电力设备运行状态的相关说明、与本项目相关联的业务指标当前值相关佐证资料)。

(四)其他资料

包括专业细分相关管理要求、支撑项目立项必要性的相关影像资料等。

二、项目必要性审核

项目内容应描述设备现状、存在问题、方案规模,应连贯、简洁、准确,语句完整。项目内容应明确检修运维的方式、范围、规模(数量、长度、容量)等,其中线路项目包含但不限于线路杆塔数、线路条数、线路长度等;变、配电设备包含但不限于具体设备类型、数量等。

(一)设备现状

设备基本情况中应列举主要设备的现状,包括但不限于电压等级、投运时间、运行环境、设备型号以及重要性等。不同专业项目差异性描述还应包括以下内容:

1. 输电项目应重点说明线路长度、线路回路数、杆塔数量、气象环境、线路通道情况等;

2. 变电项目应重点说明变电设备类型、数量等;

3. 配电项目应重点说明线路长度、线路回路数、配变台数等;

4. 二次项目应重点说明二次设备运行现状,必要时应介绍一次系统接线型式、主变规模等;

5. 生产建筑物项目应重点说明建筑物和构筑物的建筑面积、结构型式及运行现状;

6. 以上未涉及的其他专业项目可参照上述内容执行。

(二)存在问题

存在问题及实施必要性须描述详细情况，应根据设备现状和存在问题进行有针对性分析，可提供设备的缺陷隐患佐证资料。

(三)立项依据

项目立项依据应契合设备现状问题，与专业制度或专项治理文件要求相符。

三、项目可行性审核

项目可研应描述技术实施方案、停电施工方案(保电措施)、过渡措施方案。项目技术实施方案应与设备存在问题和立项依据紧密结合，应具有针对性，能有效解决当前问题。项目技术方案应具备现场实施可行性，停电施工方案应具备实际可行性，对于不需停电实施或带电实施的，应注明“不停电”。对于需采取过渡方案的，应概述过渡方案，过渡方案应在满足安全性条件下降低措施费用。

项目可研中设备材料清单须包含主设备材料，且参数必须填写完整，如装置性材料等物料名称、型号等不能为空。

根据项目需要列出本项目拟拆除材料清单，应明确处置方式为现场留用、回收再利用或报废回收。

四、财务合规性审核

(一)审核是否包含其他类别项目内容

审查工程概述、设备材料清册、投资估算书，审核是否包含零购项目、生产性技改、备品备件、非生产性运维成本项目等内容。

(二)审核项目立项规范性

审查项目实际内容，生产设备检修运维项目可按站、线或同类设备立项，不允许为规避编制可研报告和省级招标，将单台设备单项检修作业拆分立项。对于按同类设备同类检修作业合并立项的，项目申报部门应做出专项说明，包括设备名称、数量、所属站线、设备基本情况等。

(三)审核项目费用合理性

审查设备历年修理情况，是否存在频繁修理，审查修理费相对使用价值的合理性。

(四)审核是否准确划分资本性与成本性支出

生产检修运维项目均为成本性支出，项目支出同时满足以下条件应列为资本性支出：一是支出达到取得固定资产时的计税基础50%以上；二是延长固定资产的使用年限达到2年以上。

五、可研经济性审核

审核投入成本是否合理。结合设备预期状态改善和预期指标提升目标，审核项目支出与历年同类项目成本费率水平变化是否合理，审核与市场同类项目成本的差异是否合理；审核工程量与技术方案及相关设计资料的一致性、准确性；审核费用编制依据、费用构成、计算标准、项目及费用性质划分合理性、规范性；审核相关定额套用的合理性，其他费用计列的合理性，有无漏项或重复计列；审核项目投入与预期收益是否匹配。

审核项目确立的预期目标是否合理。对于维持型项目（如常态运维类项目），审核描述的当前设备运行状态是否与实际一致，审核设定预期的设备运行状态改善目标是否合理；对于提升型项目（如治理检修轮换类项目），审核项目对应的业务指标当前数值是否准确，审核业务指标预期提升目标是否合理，审核项目实施后预期达到的指标提升与项目成本投入是否匹配。

六、其他审核

审核估算信息是否满足预算编制需要。审核投资估算总额是否分明细列示，是否详细、合理，是否满足编制年度项目支出预算与资金支出预算需要。

第四节　电力设备运检成本项目可研资料模板

一、可研编制相关要求

项目需求部门按可研模板要求编制可研资料，包括项目可行性研究报告或项目建议书等资料。全部研究开发类、数字化－开发实施类、200 万元及以上的生产营销类和数字化－其他类项目、100 万元及以上的房屋维修类项目、50 万元及以上的企业管理类等项目需编制可行性研究报告，其余项目可编制项目建议书，专业管理另有规定的，从其执行。严禁分拆项目金额或化整为零，规避编制项目可行性研究报告。

（一）总体要求

单个项目总额在 200 万元及以上的项目应编制可研报告，其他项目编制项目建议书。提报相关材料包括但不限于可研报告或项目建议书、频繁修理专项说明、拆旧物资清单、投资估算明细表等。

（二）项目基本情况

项目名称（应包括实施单位、年份、所属站线、检修事项等内容）、修理设备（部件）、功能位置、设备使用年限、频繁修理情况、检修运维内容及金额。

项目名称应符合国家有关法律、法规的规定。综合服务、零星服务类项目名称应根据实际需求确定，表述应明确、清晰、准确，简明扼要地反映项目单位、实施时间、采购内容、项目类型等相关内容。

综合服务、零星服务类项目名称统一按照“单位简称”＋“需求部门名称”（如需要）＋“年份”＋“采购内容”进行规范。“采购内容”应结合具体工作内容并参照服务主数据特征值描述填写。

（三）项目可研资料

包括项目可研报告或项目建议书、估算书及其他说明性材料（如项目估算额与选取的类似项目支出成本的对比分析及说明、与本项目类似程度的分析及说明、与成本项目对应的设备运行状态的相关说明、与本项目相关联的业务指标当前值相关佐证资料）。

二、可研资料模板

(一)项目可行性研究报告模板

包含生产方向项目可行性研究报告(见表2-2)、项目主要设备材料清册(见表2-3)、项目拟拆除设备材料清单(见表2-4)、拟拆除设备鉴定表(见表2-5)、图纸资料模板(见表2-6)。

表2-2 生产方向项目可行性研究报告模板

生产方向项目可行性研究报告

××公司××项目可行性研究报告

项目名称:

项目单位:

编制单位:(盖章)

咨询证书号:

年 月 日

项目名称:

批准:

审核:

校核:

编制:

1. 项目概述

1.1　编制依据

列出项目可研编制依据,主要包括以下内容:

a)与委托方签订的设计咨询合同或委托函等相关委托文件;

b)管理制度文件名称、文号或版本号,包含生产技术改造和设备大修原则、专业反措和专项治理文件等;

c)设计规范和概(预)算编制规定;

d)与本项目有关的其他重要文件。

1.2　项目现状

介绍项目总体情况,说明改造或大修设备所属厂站、线路、调度机构现状,包括电压等级、投运时间、运行环境、设备型号、生产厂家以及重要性、近三年内主要经历的生产技改和生产大修情况等。不同专业项目差异性描述还应包括以下内容:

a)输电项目应重点说明线路长度、线路回路数、杆塔数量及型式、导(地)线型号、绝缘配置水平、气象环境、线路通道情况等;

b)变电项目应重点说明变电站当前规模和远期规模,内容主要包括主变容量、出线回路数、电气主接线型式、设备选型、安装布置方式、低压侧无功补偿容量等;

c)配电项目应重点说明线路长度、线路回路数、配变台数、配变容量等;

d)二次项目应重点说明二次设备运行现状,必要时应介绍一次系统接线型式、主变规模等,对于涉及通信网网架结构优化改造的,重点介绍现有通信网网架结构等内容;

e)生产建筑物项目应重点说明建构筑物的建筑面积、结构型式、建筑层数、建筑高度,以及运行现状;

f)以上未涉及的其他专业项目可参照上述内容执行。

1.3　项目预期目标

简述项目实施完毕后预期达到的效果,其中对于维持型的项目(如常态运维类项目)要简述成本投入后设备将保持什么样的运行状态,并分析说明该项目与历年同类项目成本费率水平变化的原因;对于提升型项目(如治理检修轮换类项目)要简述该项目实施后哪些直接或间接关联的业务指标能够得到提升,并列明业务指标的当前值和提升目标。

1.4　立项依据

列出符合生产技术改造和设备大修原则、专业反措和专项治理文件等的具体条款及内容。

1.5　可研范围和规模

简述项目可研包括的内容和范围、与原有工程的衔接和配合,对于存在同期实施的其他相关项目应说明界限,说明项目实施后形成的项目规模。

1.6　主要技术经济指标

生产技术改造项目:简述项目的整体投资情况,单位为万元,包括总费用、建筑工程费、安装工程费、拆除工程费、设备购置费、其他费用,以及各项费用占比情况。总费用分别列出含税、不含税价,分项费用只列出含税价。

生产设备大修项目:简述项目的整体投资情况,单位为万元,包括总费用、建筑修缮费、设备检修费、配件购置费、其他费用，以及各项费用占比情况。总费用分别列出含税、不含税价，分项费用只列出不含税价。

2. 项目必要性

分析现有设备存在的问题，根据改造设备在系统中的定位和作用，从安全性、效能与成本、政策适应性等方面，论述项目必要性。

2.1 安全性分析

从设备可靠性和在电网安全运行中的重要性等方面，对设备存在的安全问题进行分析，包括设备运行年限、历史故障、不良工况、状态检修情况及状态评价结果等，从设备本身安全性和对电网安全重要性以及人身安全等方面充分论证项目必要性。

2.2 效能与成本分析

从供电负荷水平、检修维护费用、能耗指标等方面分析设备效能和运行成本方面存在的问题，包括输电能力、电压合格率、设备等效利用率、运行方式调整、节能环保指标、年检修维护费用、未来负荷需求等，从提高供电可靠性、降低维修成本和适应电网发展等方面进行充分论证。

2.3 政策适应性分析

根据国家有关产业和技术政策规定，从环保节能、供电可靠性、负荷增长等方面，说明项目对象需要纳入淘汰、改造或纳入修理的某类设备政策依据。

2.4 结论

根据上述分析，得出项目实施必要性结论。

3. 项目技术方案

从经济和技术两个方面比较选择综合最优的方案。

3.1 项目可选方案

根据项目必要性分析结果和预期目标，简要描述项目实施可选的技术方案，涉及以下情况时，宜提出两个及以上可选技术方案：

a)输电项目：涉及原线路路径发生改变、架空线路改为电缆敷设、提高原设计标准的项目；

b)变电项目：变电站主接线、设备型式方案发生改变的项目；

c)配电项目：开闭所的设备整体改造、整区域配电自动化改造、整区域配网通信网及网络设备改造的项目；

d)二次项目：涉及原系统配置、设备型式方案发生重大变化的项目；

e)以上未涉及的其他项目可参照上述内容执行。

3.2 方案比选

按照资产全寿命周期管理要求，从提高设备可靠性和电网安全性、提升输电能力、降低寿命周期内成本等方面进行比较论证，以综合指标最优作为项目选择依据。

3.2.1 安全方面比较

对于有两个及以上可选技术方案的项目，论述项目技术方案在消除电网安全风险(设备损坏、人身伤亡、电网故障停电或稳定破坏)和提升设备可靠性等方面的指标差异，结合电网发展对各技术方案安全效益进行比较论证并排序。

3.2.2 效能方面比较

对于有两个及以上可选技术方案的项目，论述项目技术方案在提升输电能力、设备等效利用率和节能环保水平等方面的指标差异，结合电网发展对各技术方案进行比较论证，并按综合效能及适应性进行排序。

3.2.3 设备全寿命周期成本比较

对于有两个及以上可选技术方案的项目，对项目技术方案的一次性投资、设备运行寿命、设备故障带来的停电损失和年设备运行维护成本等因素进行全面分析比较，按照一次性投入、改造或大修后运行寿命周期内停电损失和运维费用三者年均费用之和由低到高进行排序。

3.3 方案选择

通过上述三个方面比较论证，选择综合指标最优的方案作为项目改造实施方案。

3.4 方案详细内容

全面阐述所选择项目改造或大修技术方案内容。技术方案应与设备存在问题和立项依据紧密结合。

4. 项目经济性与财务合规性

论述项目在投入产出方面的经济可行性与成本开支的合理性，是否符合国家法律、法规、政策以及公司内部管理制度等各项财务管理规定要求。

5. 项目拟拆除设备及主要材料处置

列出本项目拟拆除的固定资产设备及主要材料清单、拟拆除设备评估鉴定表，并由设备运维管理单位说明初步处置意见，拟拆除的固定资产设备及主要材料清单包括以下内容：

项目名称、设备材料名称、资产分类、专业管理系统设备编码、ERP资产编号、所属站线、电压等级、资产属性、生产厂家、型号/规格、应拆数量、计量单位、容量、出厂日期、投运日期、资产原值、处置方式和拟拆除时间。

6. 项目实施安排

6.1 外部环境落实条件

说明项目实施所涉及的外部环境条件落实，包括电网规划、市政规划、交叉跨越、交通设施、周边场地条件，涉及线路路径更改的规划路径商定情况等。

6.2 施工过渡措施

按照项目实施和系统运行相关要求，提出有针对性的施工过渡措施。重点对停电方案、负荷切转方案、停电时间、用户重要等级以及相关保障供电可靠性的措施进行描述。不涉及施工过渡措施的项目应明确本项目无过渡措施。

6.3 项目实施计划安排

说明项目实施的时间进度安排，针对关键节点提出保障措施。

6.4 环境影响预测及采取措施

6.4.1 环境影响预测

环境影响预测主要包括以下内容：

a)说明项目在实施期间可能产生的污染源、主要污染物，主要包括实施过程中施工工器具、机械设备使用、工艺材料使用对周边环境可能产生的空气污染、生产废水、可听噪声等影响；

b)说明改造后设备运行期间可能产生的污染源、主要污染物，主要包括投运设备对周边环境可能产生的生活污水、可听噪声、无线电干扰、电磁辐射等影响。

6.4.2 采取措施

说明项目针对上述环境影响采取的减少和消除环境影响的措施，得出环境影响分析结论。

7. 特别事项说明

描述项目必要性、技术方案、经济性与财务合规性、实施安排中的特殊事项：

a)新技术试行、推广，以及地方政府政策性要求等；

b)新技术采用或实施环境复杂等因素引起的项目投资较同类项目偏差较大的情况；

c)其他需特别说明的事项。

8. 附录

附录 1 项目主要设备材料清册

附录 2 项目拟拆除设备材料清单

附录 3 项目拟拆除设备评估鉴定表

附录 4 估算书

附录 5 图纸资料

附录 6 其他相关资料

说明：项目单位需根据项目实际情况结合上述模板及其相关类型的差异化规定开展项目可研编制工作。

表 2-3 项目主要设备材料清册模板

×××项目主要设备材料清册

模板

（附到说明书后）

项目名称：

项目单位：

编制单位：

咨询证书号：

年 月 日

一、编制说明

1. 说明主要设备材料清册的组成、内容、范围以及需提请注意和明确的问题。

2. 按分工或出资不属于本项目范围的设备材料应予以说明，并标明应参见的设计或资料。

3. 说明主要设备或材料选用与物资标准目录的差异及未选用标准目录物资的原因。

二、主要设备材料清册表

主要设备材料表应包括名称、规格、数量等栏目，是否计入设备材料损耗等。

各专业设备材料分项填写，个别项目的规格和数量允许“估列”，但应在备注栏内说明。

变电主要一次设备及材料表

序号	设备名称	型号及规范	单位	数量	备注
	电气一次部分	屋外电气设备的污秽等级为 d 级 高压设备爬电比距≥3.1cm/kV （按系统最高运行电压为基准）			
一	主变压器部分				
1	电力变压器		台		
	含附属设备：				
……					
二	配电装置				
1	断路器		台		三相机械联动
2	隔离开关		组		
……					
三	站用电部分				
1	站用变压器		台		带柜壳
……					
四	导线、电缆等材料				
1	接地材料				
……	热镀锌扁钢		m		
五	站区照明				
1	庭院灯		套		
……					

二次设备及材料表

序号	设备名称	型号及规范	单位	数量	备注
一	控制及直流系统				
(一)	计算机监控或监测系统				
1	一体化监控系统		套		组柜 2 面
2	二次系统安全防护柜		面		
3	公用测控柜		面		
4	主变测控柜		面		
……	220kV 线路测控柜		面		
(二)	继电保护				
1	主变保护柜		面		
2	220kV 线路保护柜		面		
……					
(三)	交直流一体化系统				
1	蓄电池		套		
2	充电柜		面		
3	馈线柜		面		
……					
(四)	智能辅助控制系统				
(五)	状态监控系统				
(六)	电缆及接地				

通信设备材料表

序号	设备名称	型号及规范	单位	数量	备注
一	通信系统				
(一)	传输网				
1	OTN/波分设备				
2	SDH 设备				
……					
(二)	业务网				
1	电路交换设备				
2	IMS 设备				
3	核心路由器				

（续表）

序号	设备名称	型号及规范	单位	数量	备注
……					
（三）	支撑网				
1	PRC				
2	LPR				
3	通信网管系统				
……					
（四）	终端通信接入网				
1	OLT 设备				
2	ONU 设备				
2	工业以太网交换机				
……					
（五）	其他				
1	通信电源				
2	通信机房动力环境监控（站端设备）				
……					

架空输电工程材料表

一、导、地线材料									
序号	名称	规格型号	单位	数量（km）	损耗（%）	总量	单重（kg/km）	总重（kg）	备注
1	高导导线		km						
2	铝包钢地线		km						
3	光缆		km						
二、杆塔材料									
序号	塔型	杆塔型号	呼高（m）	数量（基）	水平档距（m）	垂直档距（m）	单重（kg）	总重（kg）	备注
1	转角塔								
2									
	合计								
1	直线塔								
2									
	合计								
	总计								

（续表）

三、基础材料									
序号	名称	单位	数量	备注					
1	地脚螺栓	kg							
2	基础钢筋	kg							
3	C15 保护帽	m^3							
4	C20 混凝土	m^3							
四、接地材料									
序号	名称	规格型号	单位	单基数量	合计数量	损耗%	总重	备注	
1	接地圆钢		kg						
2	螺栓等零件		kg						
3	接地引下线		kg						
4	接地扁钢		kg						
五、标准金具汇总									
序号	名称	规格型号	单位	数量	损耗%	总量	单重	总重(kg)	
1									
2									
3									
六、其他材料									
序号	名称	规格型号	单位	数量	损耗	总量	单重	总重	
一、	杆塔三牌								
1									
2									
3									
二、	档内金具								
1									
2									

输电电缆线路材料表

序号	材料名称	规格型号	单位	数量
一、	电气部分			
1	交联聚乙烯电缆		米	
2	户外电缆终端头		只	

（续表）

序号	材料名称	规格型号	单位	数量
3	直接接地箱		套	
4	保护接地箱		套	
5	避雷器		只	
6	同轴电缆		米	
7	电缆上杆保护管		套	
8	电缆夹具		套	
9	电缆夹具		套	
10	防火堵料		吨	
11	防火涂料		吨	
12	防火隔板		平方	
二、	土建部分			
1	砼管(顶管)		米	
2	镀锌角钢		kg	
3	预埋件		kg	
4	护栏		平方	
5	电缆沟		米	

配电架空线路材料表

一、导线材料									
序号	名称	规格型号	单位	数量(km)	损耗(%)	总量	单重(kg/km)	总重(kg)	备注
1	裸导线		km						
2	绝缘导线		km						
二、杆塔材料									
序号	杆(塔)形	杆塔型号	呼高(m)	数量(基)	水平档距(m)	垂直档距(m)	单重(kg)	总重(kg)	备注
1	转角杆(塔)(含耐张杆(塔))								
2									
	合计								
1	直线杆(塔)								
2									
	合计								
	总计								

（续表）

三、基础材料					
序号	名称	规格型号	单位	数量	备注
1	地脚螺栓		kg		
2	底盘		块		

四、接地材料									
序号	名称	规格型号	单位	单基数量	合计数量	损耗%	单重	总重	备注
1	接地圆钢		kg						

五、拉线材料									
序号	名称	规格型号	单位	数量	损耗%	总量	单重	总重	备注
1	钢绞线		km						
2	拉盘		块						

六、金具、绝缘子									
序号	名称	规格型号	单位	数量	损耗%	总量	单重	总重(kg)	备注
1	绝缘子		支						
2	耐张线夹		只						
3	直线横担		根						

七、其他材料									
序号	名称	规格型号	单位	数量	损耗	总量	单重	总重	备注
1									

配电设备材料表

序号	设备名称	型号及规范	单位	数量	备注
	一、柱上设备				
1	变压器		台		
2	断路器		台		
3	隔离开关		组		
4	无功补偿装置		组		
5	综合配电箱		面		
	二、站房类设备				
1	箱式变压器		面		
2	环网柜		面		

（续表）

序号	设备名称	型号及规范	单位	数量	备注
3	电缆分支箱		面		
4	开关柜		面		

配电电缆线路材料表

一、电缆材料

序号	名称	规格型号	单位	数量	损耗(%)	总量	备注
1	电缆		km				
2	电缆终端头		套				
3	电缆中间头		套				

二、土建部分

序号	名称	规格型号	单位	数量	备注
1	砼管(顶管)		米		
2	镀锌角钢		kg		
3	电缆沟		米		

三、接地材料

序号	名称	规格型号	单位	单基数量	合计数量	损耗%	单重	总重	备注
1	接地圆钢		kg						
2	接地引下线		km						

四、其他材料

序号	名称	规格型号	单位	数量	损耗%	总量	单重	总重	备注
……									

附件3：

项目拟拆除设备材料清单

项目名称：

序号	设备材料名称	资产分类	专业管理系统设备编号	ERP资产编号	所属站线	电压等级	资产属性	生产厂家	型号/规格	应拆数量	计量单位	容量	出厂日期	投运日期	资产原值（万元）	处置方式	拟拆除时间
1																	
2																	

（续表）

序号	设备材料名称	资产分类	专业管理系统设备编号	ERP资产编号	所属站线	电压等级	资产属性	生产厂家	型号/规格	应拆数量	计量单位	容量	出厂日期	投运日期	资产原值（万元）	处置方式	拟拆除时间
3																	
4																	

填写说明：

1. 设备材料名称：按照实际填写，必填。
2. 资产分类：参照固定资产目录中固定资产分类名称，资产级设备必填，非资产级设备可不填。
3. 专业管理系统设备编号：如PMS2.0系统中的设备编号，无设备编码可不填。
4. ERP资产编号：ERP系统中资产编号，资产级设备必填，非资产级设备可不填。
5. 所属站线：设备所属线路或变电站名称（须含电压等级），必填；如无所属站线，填写设备材料坐落地点。
6. 电压等级：填写设备的电压等级（kV），必填；如无电压等级，填写“其他”。
7. 资产属性：总部、分部、省公司（自治区、直辖市）、控股县（含全资子公司），必填。
8. 生产厂家：按照实际规范填写，如为设备，必填；如为材料，可不填。
9. 型号/规格：据实填写，必填。
10. 应拆数量：按照实际按照填写阿拉伯数字，必填。
11. 计量单位：按照实际规范填写，线路按km填写，必填。
12. 容量：具有容量参数的设备填写该数据项（MVA、MVar），如无，可不填。
13. 出厂日期、投运日期、拟拆除时间：按照年-月-日格式填写，如1980-3-20，必填。
14. 资产原值：按照ERP资产信息填写，如为资产级设备，必填；其他设备材料，可不填。
15. 处置方式：报废、再利用。再利用包括工程再利用、留作备品。

表2-4 拟拆除设备鉴定表模板

拟拆除设备评估鉴定表

序号	项目名称	设备名称	资产分类	专业管理系统设备编号	ERP资产编号	所属站线	电压等级	资产属性	生产厂家	型号/规格	数量	计量单位	容量	出厂日期	投运日期	资产原值（万元）	运行情况	状态评价结果	评价内容	鉴定结论
鉴定专家签字	年　月　日																			
实物资产管理部门（盖章）	年　月　日																			

填写说明：

1. 项目名称：由工程项目引起的退役，填写工程项目名称。
2. 设备名称：按照实际填写，必填。
3. 资产分类：参照固定资产目录中固定资产分类名称，资产级设备必填，非资产级设备可不填。

4. 专业管理系统设备编号：如 PMS2.0 系统中的设备编号，有设备编号必填，无设备编码可不填。

5. ERP 资产编号：ERP 系统中资产编号，资产级设备必填，非资产级设备可不填。。

6. 所属站线：设备所属线路或变电站名称(须含电压等级)，必填；如无所属站线，填写坐落地点。

7. 电压等级：填写设备的电压等级(kV)，必填；如无电压等级，填写“其他”。

8. 资产属性：总部、分部、省公司(自治区、直辖市)、控股县(含全资子公司)，必填。

9. 生产厂家：按照实际规范填写，必填。

10. 型号/规格：据实填写，必填。

11. 应拆数量：按照实际按照填写阿拉伯数字，必填。

12. 计量单位：按照实际规范填写，线路按 km 填写，必填。

13. 容量：具有容量参数的设备填写该数据项(MVA、MVar)，如无，可不填。

14. 出厂日期、投运日期：按照年-月-日格式填写，如 1980-3-20，必填。

15. 资产原值：按照 ERP 资产信息填写，必填。

16. 运行情况：设备运行总体情况，包含缺陷记录、最近一次试验记录等反映设备运行状况的信息，必填。

17. 状态评价结果：填写正常、注意、异常、严重，必填。

18. 评价内容：依据相关技术标准、反事故措施等，从安全、效能等方面评价，必填。

19. 鉴定结论：报废或再利用，必填。再利用包括工程再利用、留作备品。

表 2-5 图纸资料模板

图纸资料模板

项目名称：

项目单位：

编制单位：

咨询证书号：

年 月 日

项目名称：

项目名称：

批准：

审核：

校核：

编制：

一、目录

二、相关图纸

(二)项目建议书模板

单个项目总额在200万元及以下的项目应编制项目建议书(见表2-6、表2-7),项目建议书中项目名称、分类、资产性质需界定准确;项目内容应描述设备现状,明确大修的方式、范围和规模等。

表2-6 生产方向-生产调度综合类项目建议书模板

生产方向-生产调度综合类项目建议书模板

<table>
<tr><td colspan="3">项目名称</td><td colspan="4">国网安徽××供电公司20××年××××(40字符以内)</td></tr>
<tr><td colspan="3">项目类型</td><td colspan="4">省控/自主安排</td></tr>
<tr><td colspan="3">项目投向</td><td colspan="4">B1</td></tr>
<tr><td colspan="3">项目分级</td><td colspan="4">Ⅰ/Ⅱ/Ⅲ(按项目实施必要性分级)</td></tr>
<tr><td colspan="3">项目单位(部门)</td><td colspan="4">项目申报单位(部门),并加盖单位(部门)印章</td></tr>
<tr><td colspan="3">项目实施起止时间</td><td colspan="4">统一格式:20××-××-××至20××-××-××</td></tr>
<tr><td rowspan="5">项目实施必要性</td><td colspan="2">项目情况</td><td colspan="4">说明生产/调度综合类现状,包括范围、内容等方面</td></tr>
<tr><td colspan="2">存在问题及必要性</td><td colspan="4">描述具体综合类运维需求,要解决的项目问题</td></tr>
<tr><td colspan="2">项目成效</td><td colspan="4">简述项目实施完毕后预期达到的效果,其中对于维持型的项目(如常态运维类项目)要简述成本投入后设备将保持什么样的运行状态,并分析说明该项目与历年同类项目成本费率水平变化的原因;对于提升型项目(如治理检修轮换类项目)要简述该项目实施后哪些直接或间接关联的业务指标能够得到提升,并列明业务指标的当前值和提升目标</td></tr>
<tr><td colspan="2">立项依据</td><td colspan="4">对应各专业制度和专项治理文件相关引文</td></tr>
<tr><td colspan="2">分级依据</td><td colspan="4">网省公司重点工作安排/综合类运维需求等</td></tr>
<tr><td rowspan="2">项目内容及方案</td><td colspan="2">方案及规模</td><td colspan="4">根据特种车辆、仪器仪表、工器具,服务支撑等生产/调度综合类实际情况描述实施范围数量</td></tr>
<tr><td colspan="2">项目进度安排</td><td colspan="4">说明项目实施的时间进度安排(里程碑计划)</td></tr>
<tr><td colspan="3">总投资(万元/含税)</td><td colspan="4">精确到小数点后两位</td></tr>
<tr><td rowspan="3" colspan="2">项目费用(万元/不含税)</td><td rowspan="3">精确到小数点后两位</td><td colspan="4">其中</td></tr>
<tr><td>材料费</td><td colspan="2">施工费</td><td>其他费用</td></tr>
<tr><td></td><td colspan="2"></td><td></td></tr>
<tr><td colspan="7">工程量清单(估算)</td></tr>
<tr><td>序号</td><td>业务内容</td><td>单位</td><td>数量</td><td>单价(万元)</td><td>合计(万元)</td><td>备注</td></tr>
<tr><td>1</td><td></td><td></td><td></td><td></td><td></td><td></td></tr>
<tr><td colspan="7">编制:　　　　审核:　　　　批准:
日期:　　　　日期:　　　　日期:</td></tr>
</table>

（续表）

项目经济性与财务合规性	经济性	
	财务合规性	
		审核：（财务专业）　　批准：（财务专业） 日期：　　　　　　　日期：

表 2-7　生产方向一生产调度信息系统运维类项目建议书模板

生产方向一生产调度信息系统运维类项目建议书模板

<table>
<tr><td colspan="2">项目名称</td><td colspan="6">国网安徽××供电公司20××年××××（40字符以内）</td></tr>
<tr><td colspan="2">项目类型</td><td colspan="6">省控/自主安排</td></tr>
<tr><td colspan="2">项目投向</td><td colspan="6">B1</td></tr>
<tr><td colspan="2">项目分级</td><td colspan="6">Ⅰ/Ⅱ/Ⅲ（按项目实施必要性分级）</td></tr>
<tr><td colspan="2">项目单位（部门）</td><td colspan="6">项目申报单位（部门），并加盖单位（部门）印章</td></tr>
<tr><td colspan="2">项目实施起止时间</td><td colspan="6">统一格式：20××-××-××至20××-××-××</td></tr>
<tr><td rowspan="5">项目实施必要性</td><td>业务情况</td><td colspan="6">说明业务现状，包括业务范围、内容、管理模式等方面</td></tr>
<tr><td>存在问题及必要性</td><td colspan="6">描述具体业务运维需求，要解决的业务问题</td></tr>
<tr><td>项目成效</td><td colspan="6">简述项目实施完毕后预期达到的效果，其中对于维持型的项目（如常态运维类项目）要简述成本投入后电网设备将保持什么样的运行状态，并分析说明该项目与历年同类项目成本费率水平变化的原因；对于提升型项目（如治理检修轮换类项目）要简述该项目实施后哪些直接或间接关联的业务指标能够得到提升，并列明业务指标的当前值和提升目标</td></tr>
<tr><td>立项依据</td><td colspan="6">对应各专业制度和专项治理文件相关引文</td></tr>
<tr><td>分级依据</td><td colspan="6">网省公司重点工作安排/业务运维需求等</td></tr>
<tr><td rowspan="2">项目内容及方案</td><td>方案及规模</td><td colspan="6">1. 咨询设计类：主要包括咨询设计工作任务，工作成果等；2. 业务运维类：主要包括业务运维范围、工作任务、工作成果等；3. 数据运维类：主要包括数据应用、数据展示及其他数据运维内容；4. 其他等</td></tr>
<tr><td>项目进度安排</td><td colspan="6">说明项目实施的时间进度安排（里程碑计划）</td></tr>
<tr><td colspan="2">总投资（万元/含税）</td><td colspan="6">精确到小数点后两位</td></tr>
<tr><td rowspan="3">项目费用（万元/不含税）</td><td rowspan="3">精确到小数点后两位</td><td colspan="6">其中</td></tr>
<tr><td colspan="2">材料费</td><td colspan="2">施工费</td><td colspan="2">其他费用</td></tr>
<tr><td colspan="2"></td><td colspan="2"></td><td colspan="2"></td></tr>
<tr><td colspan="8">工程量清单（估算）</td></tr>
<tr><td>序号</td><td>业务内容</td><td>单位</td><td>数量</td><td>单价（万元）</td><td>合计（万元）</td><td colspan="2">备注</td></tr>
<tr><td>1</td><td></td><td></td><td></td><td></td><td></td><td colspan="2"></td></tr>
</table>

（续表）

编制：　　审核：　　批准： 日期：　　日期：　　日期：		
项目经济性与财务合规性	经济性	
	财务合规性	
	审核：（财务专业）　　批准：（财务专业） 日期：　　日期：	

(三)估算书编制要求

1. 估算书编制资格

项目估算书由项目单位按照相关要求，根据项目需求及技术方案组织编制。

估算书的编制与审核应由电力造价专业人员承担。估算书必须履行编制、校核、审核和批准程序，各级编制、校核、审核人员必须在工程估算书上签字并加盖专用章方可成为正式文件。

2. 估算书编制准备

估算书编制前应明确项目技术方案、工程量、设备及主要材料（配件）明细等，确定编制范围、相关取费标准和定额，确定设备（配件）、主要材料价格依据和价格水平以及供应方式等。

(1)概（预）算定额适用原则

使用预算定额，其中建筑工程内容使用电网技术改造建筑工程概算定额、预算定额。

(2)概（预）算定额选取原则

首先选用国家能源局发布的电网检修工程定额；该定额未涵盖部分，按以下顺序依次参考使用：电网技术改造工程定额和电网拆除工程定额，电力建设工程定额和 20kV 及以下配电网工程定额，相应行业定额，地方定额。

当工程确无适用定额时，可采取参照近期同类工程采购价格、市场询价等方式计价，但应提供相应依据。

(3)设备（配件）、主要材料计价原则

设备（配件）、主要材料价格参考近期工程设备材料信息价或近期采购结果。无信息价及近期采购结果的，价格执行工程所在地近期造价信息价格或市场询价。

估算编制前应明确设备（配件）、主要材料的供应方式，其中可集中采购的，原则上应采用甲供方式。

3. 估算书编制

(1)估算书费用组成

费用组成由建筑修缮费、设备检修费、配件购置费、其他费用和基本预备费组成。

其中：

建筑修缮(设备检修)费＝直接费＋间接费＋利润＋编制基准期价差＋增值税

直接费＝直接工程费＋措施费

间接费＝规费＋企业管理费

配件购置费＝配件费＋配件运杂费＋配件配送费(如有)

当配件需要从集中储备仓库起运至施工现场时，计列配件配送费。

其他费用＝检修场地租用及清理费＋项目管理费＋项目技术服务费＋拆除物返库运输费

(2)估算书计算规定

根据项目工程量，按照选取定额、依规取费、分项汇总、依次并表的顺序编制项目估算书。

项目原则上不计取基本预备费，措施费、间接费、项目管理费等其他各项费用根据项目实际情况和预规要求计取。

项目中涉及建筑修缮工程一律执行建筑修缮工程费率，通信站和变电站内通信检修工程执行变电检修费率。

通信线路检修费率适用于单独通信线路检修工程，随架空输电线路同时架设的普通光缆、ADSS、通信电缆等检修取费执行架空线路检修费率。

电缆线路工程中，与市政共用的电缆沟、井、隧道及其保护管工程均列入市政工程范围，其费用计算执行地方市政定额及取费规定。

项目部分借用其他定额时，缺少的定额子目可选用相应行业定额和取费标准，不足部分选用工程所在地的地方定额和取费标准，以及配套的价格水平调整办法和编制规则。

采购物资价格中包含运杂费用的，不再重复计列。供货商直接供货到集中储存仓库的，只计取卸车费及保管费；供货商直接供货到施工现场的，只计取卸车费，施工现场的设备保管费已在临时设施费和企业管理费等费用中综合考虑。

项目拆除的设备、材料，本工程继续使用的，为恢复其使用性能而产生的检修、调试费用计入工程本体，厂家技术服务费用计入其他费用。项目使用利旧设备、材料(配件)的，若需进行修复，其产生的检修、调试费用、运输费用计入工程本体，大件运输措施费、厂家技术服务费计入其他费用。

场地租用、清理及赔偿费按项目所在地政府指导价，并结合项目实际计取。设备专修费应提供价格构成明细。

(3)估算书模板

项目估算书(见表 2－8)作为项目可行性研究报告和项目建议书的重要组成部分，所有项目均应编制估算书，随项目审核流程履行审查程序。

封面内容应包括项目名称、编制单位、编制日期。其中项目名称应与可研报告、项目建议书填报名称一致。

表 2-8 估算书模板

估算书模板

检索号

电力设备运检成本项目估算书

项目名称：

编制单位：

编制日期：　　　　年　　月　　日

签字页

项目名称：

批准：

审定：

校核：

编制：

目　录

编制说明

1. 工程概况				
2. 编制原则及依据				
2.1				
2.2				
2.3				
2.4				
2.5				
3. 资金情况				
	本工程含税总投资	万元	不含税总投资	万元
4. 其他需要说明的重大问题				

检修项目总估算表

表一　　　　金额单位:万元

序号	工程或费用名称	含税金额	占合计总费用的比例(%)	不含税金额
一	建筑修缮费			
二	设备检修费(含乙供配件费)			
三	配件购置费(甲供)			
四	其中:编制基准期价差			
	小计			
五	其他费用			
六	基本预备费			
七	工程总投资合计			

设备检修专业汇总表

表二甲　　　　金额单位:元

序号	工程或费用名称	设备检修费 (含乙供配件费)	配件购置费 (甲供)	合计

（续表）

序号	工程或费用名称	设备检修费（含乙供配件费）	配件购置费（甲供）	合计
	合计			

建筑修缮专业汇总表

表二乙　　金额单位：元

序号	工程或费用名称	建筑修缮费	配件购置费	合计
	合计			

设备检修单位工程估算表

表三甲　　金额单位：元

序号	编制依据	项目名称	单位	数量	配件单价	检修单价			配件合价	检修合价		
						定额基价	其中人工	其中机械		费用金额	其中人工	其中机械

（续表）

序号	编制依据	项目名称	单位	数量	配件单价	检修单价			配件合价	检修合价		
						定额基价	其中人工	其中机械		费用金额	其中人工	其中机械

建筑修缮单位工程估算表

表三乙　　　　　　　　　　　　　　　　　　　　　　　　　　　　金额单位：元

序号	编制依据	项目名称	单位	数量	配件单价	建筑修缮单价			配件合价	建筑修缮合价		
						定额基价	其中人工	其中机械		费用金额	其中人工	其中机械

（续表）

序号	编制依据	项目名称	单位	数量	配件单价	建筑修缮单价			配件合价	建筑修缮合价		
						定额基价	其中人工	其中机械		费用金额	其中人工	其中机械

其他费用估算表

表四　　　　金额单位：元

序号	工程或费用项目名称	编制依据及计算说明	合价
1	检修场地租用及清理费		
1.1	场地租用、清理及赔偿费		
1.2	线路检修赔偿费		
2	项目管理费		
2.1	管理经费		
2.2	招标费		
2.3	工程监理费		
3	项目技术服务费		
3.1	前期工作及评审费		
3.2	工程勘察设计费		
3.2.1	勘察费		
3.2.2	设计费		
3.3	结算文件编制审查费		
3.4	技术经济标准编制管理费		
4	设备专修费		
4.1	设备返厂修理费		
4.2	设备专修服务费		
	小计：		

生产方向项目估算书应包括：封面、编审人员签字页、目录、编制说明、项目总估算表（表一）、专业汇总表（表二）、单位工程估算表（表三）、其他费用估算表（表四）以及相应的附表、附件。表一至表四为估算书的主表。

第三章　电力设备运检成本项目计划管理

第一节　项目储备管理

成本项目实行动态储备，所有项目（不含应急类项目）应遵循“先储备后实施”的原则，在项目管理平台可先不挂接可研报告（项目建议书）等材料。项目储备固化前，项目需求提报部门需将可研报告（项目建议书）、可研批复或内部决策文件等资料上传项目管理平台，各级财务部门负责审核资料完整性。通过可研评审的项目即可纳入项目储备库。项目储备信息录入时，应准确选择项目投向和业务细分。对于安全生产项目，应区分常态运维类、专项治理类、计划检修类和应急抢修类，常态运维类、专项治理类和计划检修类项目应准确关联设备、站线等信息，专项治理类和计划检修类项目还应关联与设备现状直接相关的业务指标信息，业务指标提升目标应与项目可研资料中的预期成效信息一致。应急抢修类项目可“先实施后储备”，根据现场抢修情况据实储备和结算。项目固化前，项目需求提报部门需将可研报告（项目建议书）、评审意见、可研批复、内部决策文件等资料上传项目储备库，确保资料的真实性、完整性，经逐级审核后完成项目固化。

所有专项成本性项目储备均须流转至省公司进行审核固化和入库。其中：B类项目由省公司统一进行储备录入，由各单位上传项目可研资料并流转至省公司进行固化入库；C类项目由各单位项目立项部门在项目管理平台中动态录入储备信息，按照管理职责依次经县、市、省三级归口管理部门、财务部审核，待项目通过可研批复并上传相关资料（包括项目可研资料、内部决策文件等）后，再进行审核固化。各单位要提高项目储备质量，确保项目字段信息的完整性与准确性。

第二节　项目预算管理

一、项目预算控制策略

项目预算是对项目按照预算规则、成本标准、管控流程做出的财务资源安排，是融合预算管理手段，依托信息系统实现成本和资金全方位、全口径、全过程管控的制度性措施，覆盖项目的各类开支，贯穿预算编报、执行、分析和评价的全过程。预算以概（估）算、标准成本和里程碑计划为基础，强化投资预算与资金预算一体化管理，推动投资预算与全面预算融合、资金预算与年度计划衔接，强化成本及资金管控，提升投资效益。

预算包括总投资预算、年度投资预算和年度资金预算，由财务部门组织计划、项目、物资等相关部门和单位编制。总投资预算是项目全周期内各类成本、各项费用总的投资控制额度；年度投资预算及年度资金预算根据预测的各年项目进度，将总投资预算逐年分解形成，用于成本及资金支出分年度过程管控。建立投资预算和资金预算同步编制、审批、发布、控制工作机制，强化过程执行和分析评价管理，提升服务业务、服务基层水平。

电力设备运检成本项目按照项目等级分为：综合计划项目（A类）、公司业务部门统筹管理专项成本项目（B类）和各单位自主管理专项成本项目（C类）。其中：生产大修（A类）立项边界执行专业管理要求。公司统筹安排（B类）成本，统一谋划和布局，集中力量办大事，主要用于落实设备专业重点隐患治理、重点工作安排和重点创新试点等。各单位自主安排（C类）成本主要用于保障生产专业日常运维、检修、抢修工作等费用支出，不得安排营销、信息化、后勤等非生产方向费用支出。

B类项目经公司内部决策通过后，由各专业归口管理部门行文（分解）下达项目计划；C类项目经各单位内部决策通过后，由市公司（直属单位）各专业归口管理部门行文下达项目计划，报公司专业归口管理部门和财务部备案。各单位在年度投资预算规模、项目下达计划值内，发起预算编制流程，并按照分级管理职责进行审核流转。其中，A、B类项目由公司财务部审核，C类项目由市公司（直属单位）财务部审核。未纳入储备库的项目，不得列入预算和计划，不得安排招投标和资金支付。

成本项目预算实行“专项年度投资规模、项目总投资预算和项目年度投资预算”三重控制策略。原则上企业A、B类检修运维项目预算规模合计应控制在本单位检修运维费用60%以上，C类检修运维项目预算规模占C类自控成本不低于40%。

二、项目预算编制

为切实做好成本项目预算安排，各项目单位在年度投资规模内发起预算编制流程。未纳入储备库的生产成本项目，不得列入预算，不得启动服务物资招标和资金支付。预算编制金额应与可研批复一致，同时纳入预算执行项目要与设备部各专业审核通过的排序相符。

总投资预算编制是项目储备的重要环节，在项目储备时，应结合估（概）算编制总投资预算。未编制总投资预算的工程，不得编报年度投资预算。

项目预算是全面预算的重要组成部分，遵循“两下两上”编制流程，履行各层级预算下达及调整决策程序。对限上项目逐一核定预算，限下项目分类核定预算规模。

总控目标下达环节（简称“一下”），公司财务部会同发展部提出下一年度项目预算总控目标，报公司预算决策机构审定后，由公司财务部统一下达各单位。

年度预算草案编制环节（简称“一上”），各单位依据下达的年度总控目标，结合发展需要和投资能力等因素，按照“限上项目编制明细、限下项目管控规模”原则，将纳入年度计划草案的项目和以前年度结转项目，编制项目预算并上报公司财务部。

年度预算下达环节（简称“二下”），公司财务部汇总审核各单位上报年度预算草案数据后，形成公司项目预算草案，履行公司决策流程后予以下达。

年度预算备案编制环节（简称“二上”），各单位按照“二下”项目预算，分解到具体项目及明细费用，汇总审核后形成项目预算报备方案，并按备案时限上报公司财务部。

项目预算管控节点贯穿项目管理全过程，以单项项目总投资预算和年度预算作为工程全周期和年度成本开支、资金支付限额，应遵循“无预算不支出、有预算不超支”的控制原则。

三、项目预安排机制

合理开展生产成本项目预安排。财务年度预算指标正式下达前，各项目单位可结合上一年成本规模，并根据工作实际需要，从储备库中选取迎峰度夏前需完成或实施周期跨度长的项目，列入预安排项目计划。

预安排项目，是指次年一季度急需实施的或固定连续性业务，在当年年底前履行内部决策程序后，提前开展招投标等前期准备工作，待次年实施的项目。A类项目预安排，按照电力企业综合计划管理办法执行；B类项目预安排，由各专业归口部门在每年预算调整时，结合实际需要，提报项目清单，履行完项目可研评审、批复程序，经内部决策通过后，由财务部统一发布预算；C类项目预安排，各单位根据工作实际需要，梳理项目清单，履行完项目可研评审、批复程序，经本单位内部决策通过后，由本级财务部统一发布预算。原则上，C类项目预安排规模不得超过上年C类项目年度规模的50%。

纳入综合计划管理的预安排项目，由发展部组织各单位按照要求上报次年一季度急需实施的项目清单，待集体审议通过后，由财务部统一发布预算；专项成本性预安排项目，每年年初预算指标正式下达前，各单位可结合上一年成本规模，并根据工作实际需要，从储备库中挑选一季度需要实施的项目编制预算。原则上，专项资本性项目不做预安排。

四、项目预算调整

完善电网设备运检成本项目计划调整流程。各项目单位因内外部环境发生变化、设计变更、突发事件等影响，需要进行计划调整的，应根据各类运检生产成本项目管理要求，分别履行调整程序。

（一）项目调整

在项目预算下达后，各级单位因内外部环境发生变化，需要进行预算调整的，应根据各专业项目管理界面及紧急程度，按照公司应急类项目、绿色通道类项目等有关规定分别履行程序。

（二）项目预算调整

项目预算年度调整由财务部统一组织，原则上每年调整一次。各单位结合工程实际和预计成本需求进行总投资预算和年度预算调整，调整流程与预算编制流程相同。在项目预算下达后，各级单位因内外部环境发生变化，需要进行预算调整的，应根据各专业项目管理界面及紧急程度，按照常规项目、应急项目、绿色通道项目等有关规定分别履行程序。预算调整流程实行分级审核，其中：A类项目预算调整按照各专业项目管理办法执行，所有B类单体项目预算调增（减）达到初始值20%及以上且金额超过20万元，由专业归口管理部门、财务部审核发布;C类项目预算调增由专业归口管理部门、财务部审核发布,C类项目预算调减由本级单位财务部审核发布。

电力设备运检成本性项目预算调整流程实行分级审核。其中:县级单位成本性项目预算调整流程,由市级单位财务部负责审核;各级单位专项成本性项目预算调整值累计达到初始值15%及以上且金额超过10万元,预算调整流程由省级财务部负责审核。

第四章　电力设备运检成本项目招投标管理

第一节　招标采购方式及职责

招标采购是指以合同方式有偿取得货物、施工和服务的行为。采购活动是指各单位为满足采购需求，依据法律法规和规定，采用适当的采购方式、实施模式和组织形式，按照规定的程序组织实施招标采购的过程。

一、招标采购方式

采购方式是指采购人为达到采购目标而在采购活动中运用的方法。对不同的采购需求，应采取合适的采购方式进行采购。采购活动中适用的采购方式包括以公开和邀请方式进行的招标、竞争性谈判、询价采购，以及单一来源采购。

公开是指在采购信息发布媒介上发布采购公告，邀请不特定的供应商参加采购活动。两级集中采购活动应优先采用公开招标、公开竞争性谈判和询价等具有竞争性的采购方式。

邀请是指向特定供应商发出书面通知，邀请其参加采购活动。邀请采购的方式适用于以下情形之一：

1. 技术复杂、有特殊要求或受自然环境限制，只有少量供应商可供选择的。

2. 通过公开方式采购导致采购费用占项目合同金额比例过大的，属于国家规定需要履行项目审批、核准手续的依法必须招标项目，应当取得项目审批、核准部门的邀请采购批准手续；其他依法必须招标项目应当取得有关行政监督部门作出的邀请采购认定手续。

3. 已通过公开采购方式验证有效响应的供应商不足三家的，包括本项目通过公开采购方式验证有效投标的供应商不足三家，或近期实施的类似项目已通过公开采购方式验证有效响应的供应商不足三家的。

4. 涉及国家安全、国家秘密、商业秘密等，不适宜进行公开采购的。

(一)招标

招标是指在一定范围内公开货物、工程或服务采购的条件和要求，邀请众多投标人参加投标，并按照规定的评审条件和程序，从中选择中标供应商的一种采购方式。

招标适用于以下情形之一：

1.《中华人民共和国招标投标法》第三条规定的工程建设项目，包括项目的勘察、设计、施工、监理以及工程建设有关的重要设备、材料等；

2. 公司两级集中采购目录中建议可采用招标方式的相关物资与服务。

符合以下情形之一的采购活动可以采取竞争性谈判、询价以及单一来源采购等招标以外的采购方式进行：

1. 依法非必须招标的项目，包括不属于《中华人民共和国招标投标法实施条例》第二条定义的工程建设项目，未达到《必须招标的工程项目规定》第五条规定标准的项目，以及属于《中华人民共和国招标投标法》第六十六条和《中华人民共和国招标投标法实施条例》第九条规定情形的；

2. 经两次公开招标的项目，递交投标文件的投标人均不足三个，或经评审否决部分投标后，导致有效投标不足三个且明显缺乏竞争而否决全部投标的；

其中依法必须招标的项目，按照国家有关规定报项目审批、核准部门履行审批、核准手续后不再招标；

按照国家有关法律、法规及有关部门要求，可不进行招标的项目；

公司两级集中采购目录中建议可采用招标以外方式的相关物资与服务。

(二)竞争性谈判

竞争性谈判是指采购人组建的谈判小组与响应采购的供应商依次分别进行一轮或多轮谈判并对其提交的响应文件进行评审，根据评审结果确定成交供应商的一种采购方式。

竞争性谈判适用于以下情形：

1. 不能准确提出采购项目需求及其技术要求，需要与供应商谈判后研究确定的；

2. 采购需求明确，但有多种实施方案可供选择，需要与供应商谈判从而优化、确定实施方案的；

3. 采购项目市场竞争不充分，已知潜在供应商比较少的；

4. 按照国家规定需要核准的项目，核准部门核准的采购方式为竞争性谈判采购的。

(三)询价采购

询价采购是指采购人就采购标的向三个(含本数)以上供应商发出询价函件让其应答和报价，采购人对应答文件和报价进行比较，确定成交供应商、成交价格以及其他技术、商务条件的一种采购方式。

询价采购适用于技术参数明确、完整，规格标准基本统一、通用，市场竞争比较充分的采购项目。

(四)单一来源采购

单一来源采购是指采购人就某一采购标的与单一供应商进行谈判，确定成交价格以及其他技术、商务条件的一种采购方式。

单一来源采购适用于以下情形：

1. 只能从唯一的供应商处采购的，包括需要采用不可替代的专利或专有技术的；

2. 为了保证采购项目与原采购项目技术功能需求一致或配套的要求，需要继续从原供应商处采购的；

3. 因抢险救灾等不可预见的紧急情况需要进行紧急采购的；

4. 为执行创新技术的研发及推广运用，提高重大装备国产化水平等国家政策，需要直接采购的；

5. 涉及国家秘密或企业秘密不适宜进行竞争性采购的。

作为项目中标(成交)人的单位在对中标(成交)范围内的工程、货物或服务需进行分包或二次采购的,可由中标(成交)人依法合规履行采购程序确定分包人或二次采购供应商。项目分包或二次采购需经业主同意的,应当履行相应审批手续。

当地政府建设工程行政管理部门对房屋建筑等工程的勘察、设计、施工、监理采购要求有明确规定的,从其规定;没有明确规定,或者有规定但经其同意可以列入例外情形的,按照项目建设管理权限分别由公司各单位招标采购管理部门组织采购。

二、招标采购职责职能

各单位作为采购人应设立招投标工作领导小组,负责指导和监督贯彻执行国家有关招标投标的法律、法规及企业有关规定,决定采购工作中的重大事项。各单位领导小组是采购工作的领导机构,在各单位招标采购管理部门应设立领导小组办公室,负责领导小组的日常工作。

(一)物资部职责

物资部是采购工作的归口管理部门,主要职责是:

1. 依据国家法律、法规、规章及公司有关规定,制定和完善采购管理的规章制度;

2. 制定公司系统采购计划、目录,明确纳入集中采购的范围和规模标准;制定公司系统采购标准;

3. 组织实施纳入集中采购范围的采购活动,对采购过程进行现场监督;

4. 负责管理公司系统评标(评审)专家;

5. 指导、监督、检查和考核各单位采购工作;

6. 解决采购过程中的争议和协助处理投诉;

7. 配合采购工作信息化建设和使用管理;

8. 负责公司招标采购工作领导小组的日常工作。

(二)招标采购管理部门职责

招标采购管理部门负责本单位采购归口管理工作,主要职责是:

1. 执行国家有关采购的法律、法规及公司相关规章制度;

2. 执行公司系统采购计划、目录,汇总上报本单位集中采购计划,配合实施的采购活动;

3. 制定本单位采购目录,组织实施纳入本单位集中采购范围的采购活动,对采购过程进行现场监督;

4. 向公司推荐评标(评审)专家,配合管理本单位评标(评审)专家。

5. 解决本单位采购过程中的争议问题和协助处理投诉,配合处理采购过程中的争议和投诉;

6. 负责本单位招标采购工作领导小组办公室的日常工作。

(三)法律部门职责

各单位法律部门分别为公司系统采购活动提供法律支持和保障,提出法律意见,主要职责是:

1. 参与采购相关规章制度的制定,对规章制度的合法合规性进行审查;

2. 对采购方案、采购文件的合法合规性进行审查；

3. 参与采购活动，并对采购过程的合法合规性提出意见；

4. 协助处理采购过程中出现的争议、投诉和纠纷。

(四)安全监察部门职责

各单位安全监察部门分别负责对公司系统采购活动进行监察，主要职责是：

1. 监督公司系统物资采购从业人员履行职责、秉公用权、廉洁从业、道德操守等方面的情况；

2. 对物资采购方面涉嫌违规违纪违法的问题线索进行处置；

3. 依规依纪进行处分处理，按程序进行问责或提出监察建议。

(五)专业技术管理部门职责

各单位专业技术管理部门分别为公司系统采购活动提供专业技术支持，主要职责是：

1. 对采购方案和采购文件提出技术要求，配合采购标准和技术规范的编写，参与招标文件审查；

2. 按需要选派代表参与采购项目的评标评审活动；

3. 参与处理采购过程中的争议和投诉。

4. 组织项目单位对供应商开展专业绩效评价，并提出评价意见。

(六)项目管理部门职责

项目管理部门或者项目单位负责提出项目采购需求，主要职责是：

1. 严格执行公司两级集中采购目录，编制并审核本部门、本单位采购计划及采购文件技术部分，分别报送公司各单位招标采购管理部门；

2. 提出采购项目的资质业绩条件、分包及评审原则等规则建议，参与采购活动，编制项目采购情况汇报；

3. 按规定履行审批手续，开展直接采购项目。

(七)代理机构职责

各受托开展采购业务的招标采购代理机构，作为具体采购活动的组织实施机构，主要职责是：

1. 严格执行委托合同规定的工作内容；

2. 协助委托人组织完成与采购活动相关的工作；

3. 管理评标(评审)专家库。

第二节　招标采购实施模式与组织形式

一、招标采购实施模式

各单位作为采购主体，由各自招标采购管理部门分别制定发布一级、二级集中采购目录，分别就纳入各单位集中采购的范围、建议采购方式等事项进行规定并组织实施采购。

两级采购目录未列明，拟采用公开招标以外采购方式的，各项目部门或单位应当履行采购方式审批程序，审批通过后按相应采购方式实施采购活动。

各单位的采购主要实施模式为集中实施，根据情况可授权实施。集中实施是各单位招标采购管理部门组织，集中开展采购业务实施的模式。授权实施是指针对需求零星、专业特殊或地域限制等原因，不具备集中实施条件，或集中实施不符合效率效益原则的采购需求，由公司各单位授权下一级单位组织采购活动的一种实施模式。

非依法必须招标的项目，符合下列情形的需求单位可直接采购：

1. 政府性基金和行政事业性收费项目；

2. 不需要通过合同进行支付的政府定价目录规定的项目；

3. 各类事业单位、社会组织要求缴纳的会费等；

4. 报销管理办法中规定的相关费用等。

非依法必须招标的项目，符合下列情形的由需求单位提出采购需求，经招标采购管理部门会签后可直接采购：

1. 需要通过合同进行支付的政府定价目录规定的项目；

2. 通过文件、签报、会议纪要以及履行"三重一大"决策程序确定的可直接签订合同的项目。

二、招标采购组织形式

采购组织形式是根据采购需求特点，在确定采购方式的前提下，为利于采购结果执行高效、直观、可视而采取的组织方式。采购组织形式主要包括批次采购、协议库存采购、框架协议采购等。

批次采购适用于具体或特定项目物资和服务的采购，批次采购的标的物数量、技术要求明确，且有明确交货期，根据采购结果签订合同，并按合同完成履约结算。

对于项目中需要进行功能配套的采购项目，可以结合项目性质、投资规模、技术条件以及当期市场价格等因素，在采购相同配置（同配）的基础上，根据近期中标价格，按照"技术参数同配、价格双方确定"原则，履行单一来源采购程序。

协议库存采购适用于需求频度高、响应时间短、技术标准统一、年度需求数量较大的物资，通过集中采购确定协议供应商、采购数量和采购金额，根据实际需求，以供货单方式分批或分期要求协议供应商按照规定时间提供相应数量的产品，并据此向协议供应商分批或分期结算货款。

框架协议采购适用于难以确定采购计划的应急、零星需求采购，或者需要频繁、重复组织采购同类工程、货物或服务的。通过采购确定协议供应商，确定单价或定价规则、协议期限、付款方式、服务承诺等内容，发生实际需求时需求单位或部门按照采购文件约定的方式，从协议内的供应商中择优确定成交供应商和单价（折扣率）。框架协议采购结果可通过电商交易专区实施请购与结算。

电商专区交易适用于采购规格品种多、需求频次高、数量无法准确预测且不属于国家法定必须招标的零星采购。通过适用的采购策略确定一定时期内的供应商，明确物资的品类（或规格型号）、单价（或双方认可的计价规则）、配送及服务标准，并通过电商交易模块实施请购与结算。

第三节 招标采购程序

各单位委托招标采购代理机构组织实施的采购活动，各采购人应当分别与被委托的招标采购代理机构签订书面委托服务合同，合同约定的收费标准、付费人等内容应当符合国家的有关规定。

按照国家和企业投资管理规定，采购项目需取得相应批文和各相关方协议文件、列入年度投资计划、达到相应的设计深度要求。

采购项目所需物资及服务，须通过企业资源管理系统申报需求计划，进行全流程管控。需求计划经平衡利用库存物资后形成采购计划。采购计划经各单位物资管理部门组织专业管理部门集中审查后实施采购。

具备电子商务平台全流程实施条件的采购活动，应在一级部署的电子商务平台系统实施，并可采用电子化单轨制招投标。具备电子商务平台部分流程实施条件的采购活动，采购公告、结果公示环节应通过电子商务平台发布。

招标人可以采用资格预审和资格后审的办法对投标人进行资格审查。

采用资格后审办法对投标人进行资格审查的，应当在开标后由评标委员会按照招标文件规定的标准和方法对投标人的资格进行审查。

采用资格预审办法对投标人进行资格审查的，应当发布资格预审公告、编制资格预审文件，并按照资格预审文件载明的编制和方法对投标人资格进行审查。

资格预审分为合格制和有限数量制，一般情况下采用合格制；当潜在投标人过多时，可根据情况采用有限数量制。针对重复采购的特定标的物，可将多次公开招标项目的资格预审一次性完成，预审有效期内可多次应用预审结果。

对于二级采购目录中通用性强、标准化程度高的物资，可直接开展资格预审，或统筹组织各单位联合开展资格预审，委托牵头单位具体实施，资格预审结果应用于各单位。

采购项目应当组建评标（评审）委员会，由各单位招标采购管理部门分别负责组建。

采购活动原则上应当在各单位内部场所进行，推行电子化开标方式。

招标项目的评标委员会应当按照法律法规和招标文件公布的评标标准进行综合评审，依法推荐排序第一的为中标候选人。

竞争性谈判、询价采购评审小组应当按照采购文件公布的评审标准进行综合评审，按照采购文件中确定的规则推荐成交供应商以及成交价格。单一来源采购应当按照价格合理且不超过批复预估价的原则推荐成交供应商以及成交价格。

评标（评审）完成后，各单位招标采购管理部门应提请召开招标采购工作领导小组会议，审议、批准招标采购结果并定标。对于实施授权采购的项目，由被授权单位对成交结果进行审定，并报授权单位招标采购管理部门备案。

对于招标采购项目，应对中标候选人进行公示，公示期不少于 3 日，公示结束后发布中标公告，并向中标人发出中标通知书。竞争性谈判、询价、单一来源采购项目由相应招标采购管理部门或授权采购实施单位分别组织发布成交结果，并向成交供应商发出成交通知书。采用公开方式进行的竞争性谈判、询价采购项目，成交结果确定后还应发布采购结果公告。

对公示结果出现异议的，招标采购管理部门应组织招标采购代理机构对异议内容进行核查，并在3个工作日内提出处理建议。异议属实的，应作流标处理，经招投标领导小组办公室审批后，向招投标领导小组汇报备案。异议处理决定应在受理之日起30个工作日内做出。

公示期间收到异议的，在做出处理前，应暂停相关采购活动。

排序第一的中标候选人或成交人放弃中标或成交、因不可抗力不能履行合同、不按照招标采购文件要求提交履约保证金，或者被查实存在影响中标结果的违法行为等情形，不符合中标、成交条件的，可以按照评标(评审)委员会提出的中标、成交候选人名单排序依次确定其他候选人为中标人或成交人，也可以重新招标采购。

终止招标采购的，招标采购管理部门应当及时组织发布公告，或者以书面形式通知被邀请的或者已经获取招标采购文件的潜在投标人。已经发售招标采购文件或者已经收取投标保证金的，应当及时退还所收取的招标采购文件费用，以及所收取的投标保证金及银行同期存款利息。

第四节　常见服务采购组织形式(以固定授权为例)

一、含义及适用范围

授权采购是指非依法必须招标的项目，因需求零星、专业特殊、地域限制等因素，不具备集中采购条件或集中实施采购不符合效率效益原则的采购需求，由企业授权下一级单位组织实施采购的一种模式。

授权采购分为固定授权和“一事一授权”两种方式：

固定授权是指被授权单位对授权采购目录内的物资或服务实施采购。原则上按年度下发授权采购目录，下一级单位按照目录范围组织实施。

“一事一授权”是指固定授权采购目录以外，针对非依法必须招标的特殊事项，经物资管理部审核后，实施“一事一授权”。

固定授权适用于各市县及直属单位授权采购计划管理业务。

授权采购工作授权至各地市及直属单位，被授权单位应具备独立的采购管理机构，并严格按照授权采购目录实施授权采购，不得超范围实施、不得转授权。

二、组织机构和职责

财务部门负责审核采购计划涉及的年度预算及资金落实情况，确保资金预算已下达且预算充足。

发展部门负责审查管理范围内的项目采购条件，审核采购计划涉及的综合计划、项目核准情况及可研批复情况。

各单位物资管理部门是本单位授权采购计划的管理和实施部门，负责组织本单位授权采购计划收集、汇总、审查、申报、统计分析、资料归档等工作。

项目管理部门是本单位授权采购需求的专业管理部门，负责从专业管理角度指导各单位编制本专业相关的需求计划，落实物资和服务采购标准应用；负责对采购项目的采购条件等情况进行审查；负责审核管理范围内的物资和服务采购计划及技术规范；负责配合采购数据的审核工作。

需求部门在授权采购计划管理中主要负责本部门需求计划（含技术规范）的编制、审核和报送工作，对采购计划的审查意见进行确认，并负责采购计划及技术规范书修改完善工作。

三、固定授权采购计划申报流程

（一）启动授权采购工作

物资管理部根据全年授权采购批次安排，编制并下发《××公司关于开展××年服务固定授权批次第××批需求计划申报的通知》（见表4－1），启动授权采购工作。

表4－1　××公司关于开展××年服务固定授权采购第×次需求计划申报工作的通知模板

××公司关于开展××年服务固定授权采购第×次需求计划申报工作的通知

一、申报范围

1.《××公司20××年二级采购固定授权目录清单》范围内的物料。

2. 融资租赁项目需求计划禁止在授权采购批次中申报。

二、批次创建

各地市公司（直属单位）如有采购需求，请确定合理的公告时间、开标时间等信息，其中公告时间不得早于20××年×月××日。批次信息一旦确定后，请在×月×日××：××前将《××单位20××年××月份招标批次计划创建模版》（附件×）反馈至批次计划联系人。

三、授权计划申报流程

需求部门（单位）申报计划应用平台及系统包括：国家电网新一代电子商务平台（ECP2.0）、企业资源管理系统（ERP）、物资一站式平台相关模块。

1. 需求部门（单位）申报人员在ECP2.0中挂接技术规范书并生成技术规范书编码。

2. 需求部门（单位）申报人员在ERP进行储备库项目信息创建、维护、保存、上传上级单位，并确保项目预算真实充足（如果预算不充足，协调本公司财务部门调整预算）。

3. 需求部门（单位）申报人员在ERP创建服务类项目采购申请，物资类采购申请由年度需求计划转化自动生成。

4. 需求部门（单位）申报人员在物资一站式平台中挂接申报的物料清册。

5. 需求部门（单位）申报人员在物资一站式平台中生成年度需求计划并审核。

6. 各单位物资管理部门计划管理人员对年度需求计划进行审查。

7. 各地市公司（直属单位）物资管理部门计划管理人员在物资一站式平台进行年度需求计划上传上级

单位。

8. 需求部门(单位)申报人员在ERP采购申请中正确维护采购计划对应的年度需求计划编码、技术规范书编码等信息。

9. 一事一授权批次,需求部门(单位)申报专责在物资一站式平台编制一事一授权审批单,经需求部门(单位)主任、单位分管领导线上签字审批通过。

四、地市公司(直属单位)计划初审

各地市公司(直属单位)物资计划专责可借助智能审查系统对物资计划进行初步审查,并参照《省公司服务固定授权批次需求计划审查要点》,组织开展授权采购计划内部审查工作,对需求计划申报信息点逐一审查,形成需求计划内部审查意见,同时做好内审过程资料保管,以备后期各项检查。

五、提报材料

1. ×月××日前,各地市公司(直属单位)需要提供可编辑版本和盖章版本的《××公司12××××批次计划申报条件稽查说明及执行两级采购目录情况承诺》。

2. ×月×日前,各地市公司(直属单位)如有租赁需求,需提供可编辑版本和盖章版本的《××单位关于12××××服务授权采购批次租赁采购的情况说明》,可编辑版本的《××单位租赁附表》。

3. ×月×日前,各地市公司(直属单位)如有同一批次同一项目同一物料/相似物料申报计划的,需提供盖章版的说明材料。

六、时间节点

计划申报截止时间:20××年×月×日×午××:××

联系人:××××××××××××

××公司物资管理部

20××年×月××日

(二)被授权单位申报计划

被授权单位物资管理部门依据“计划申报通知”,下发工作通知,明确时间节点、注意事项等具体要求,组织本单位各需求部门(单位)开展授权采购计划申报工作。

(三)需求部门(单位)计划申报

需求部门(单位)申报计划应用平台及系统包括:企业新一代电子商务平台、企业资源管理系统、物资一站式平台相关模块。

1. 需求部门(单位)申报人员在企业新一代电子商务平台中挂接技术规范书并生成技术规范书编码。

2. 需求部门(单位)申报人员在企业资源管理系统进行储备库项目信息创建、维护、保存、上传上级单位,并确保项目预算真实充足。

3. 需求部门(单位)申报人员在企业资源管理系统创建服务类采购申请,物资类采购申请由年度需求计划转化自动生成。

4. 需求部门(单位)申报人员在物资一站式平台中挂接申报的物料清册。

5. 需求部门(单位)申报人员在物资一站式平台中生成年度需求计划并审核。

6. 各单位物资管理部门计划管理人员对年度需求计划进行审查。

7. 被授权单位物资管理部门计划管理人员在物资一站式平台进行年度需求计划上传上级单位操作。

8. 需求部门(单位)申报人员在企业资源管理系统采购申请中正确维护采购计划对应的年度需求计划编码、技术规范书编码等信息。

(四)各单位计划审查

1. 县公司计划初审

县公司物资管理部门计划管理人员在物资一站式平台运用智能审查模块对授权采购计划进行智能审查。

县公司物资管理部门组织各项目管理部门、需求部门、发展部门、财务部门、法律部门等开展授权采购计划审查工作,按照“审查要点”对本单位计划进行初审,重点对项目合规性、商务信息、技术信息进行全面审核。对于租赁性项目逐一审核租赁合规性等,并出具租赁采购的情况说明。

需求部门根据审查意见同步在物资一站式平台、企业资源管理系统、电子商务平台完成内容修改工作。

县公司物资管理部门完成计划初审后,形成审查会议纪要及审核过程资料,并将审核通过的授权采购计划申报至市公司物资管理部门。

2. 被授权单位计划审查

被授权单位物资管理部门计划管理人员在物资一站式平台运用智能审查模块对本批次的授权采购计划进行智能审查。

被授权单位物资管理部门组织各项目管理部门、需求部门(单位)、发展部门、财务部门、法律部门以及邀请的审查专家等开展授权采购计划审查工作。审查人员根据分工,按照“审查要点”对本单位计划进行审查,重点对项目合规性、商务信息、技术信息进行全面审核。对于租赁性项目逐一审核租赁合规性、租金水平等。

需求部门(单位)安排人员根据审查意见同步在物资一站式平台、企业资源管理系统、电子商务平台完成内容修改工作。

被授权单位完成集中审查后,形成审查会议纪要及审核过程资料。

被授权单位可根据实际需要,组织代理机构配合开展计划审查工作。

(五)采购计划上报

被授权单位物资管理部门在计划申报截止前,复核计划确认无误,反馈相关资料至物资授权采购批次负责人。

四、需求计划注意事项

(一)需求计划审查要点

各项目申报需求单位应严格按照授权采购批次需求计划审查要点(见表 4 - 2)开展需求计划申报工作,确保项目申报的合规性,严格履行项目商务信息审查、技术信息审查,熟练掌握智能审查系统运用,确保项目授权采购工作顺利完成。

表 4-2 授权采购批次需求计划审查要点

授权采购批次需求计划审查要点

类别	审查项	序号	审查要点
(一)项目合规性	项目立项	1	项目是否完成储备立项,是否在综合计划内下达项目,非综合计划内项目是否批复
		2	项目预算金额是否足额下达,项目财务预算金额大于等于计划申报金额
	采购申请创建	3	资本性项目应基于 ERP 实际下达项目创建采购申请,项目化管理的成本性项目应基于 ERP 实际下达项目创建采购申请,采用内部订单方式创建采购申请的应特殊说明
	采购申请核查	4	必须为 10
	物料选择准确性	5	选用物料编码满足实际需求、未使用其他物料替代
		6	需求单位应严格按照国网物料主数据选取物料,正确输入标准的完整的物料描述(建议复制物料描述,不要加空格),保证物料编码与物料描述两者对应,包括标点符号的全角、半角、空格等
		7	物料描述中包含“其他”字样的,要在“采购申请备注”字段中注明具体内容(如:“物料:其他设备维保”,备注中注明:空调负荷维保)
		8	申报物料应和申报项目名称有关联性,防止随意申报物料或替代物料。应结合最新服务物料修编成果(设备、营销、后勤、党建)的扩展描述、技术规范书范本指导物料选择和技术规范书编制工作
	采购目录执行情况	9	是否严格执行固定授权采购目录,是否属于固定授权采购物料清单范围
		10	检查采购内容属于或者包含直接采购内容
		11	检查采购内容属于公开招标或者省公司批次采购范围
		12	检查采购内容属于或者包含零星服务框架匹配内容
	重复采购	13	需审查年度内所有采购项目名称及项目编码一致性(基建工程类项目除外)。严禁拆分项目。对于已采购项目重复采购的情况,需审查原采购是否规范解除合同或者供应商弃标
	租赁性计划	14	禁止申报融资性租赁项目计划
		15	严禁租赁两级集中采购目录内电网设备类物资
		16	生产车辆租赁需各单位项目管理部门审核批复,是不是计划内车辆,计划内车辆租赁不限时间;非计划内车辆租赁时间不得超过 3 个月
		17	公务车辆租赁需经各单位项目管理部门审核批复,是否计划内车辆,计划内车辆租赁不限时间;非计划内车辆不允许租赁
		18	审核是否形成资产,形成资产不可申报计划
		19	需提供租赁具体物资明细及必要性说明
	一事一授权	20	“一事一授权”采购计划,应审核审批手续等内容

（续表）

类别	审查项	序号	审查要点
（二）商务信息审查	条目数	21	需求计划总条目数（单位：条）
	批次核查	22	批次号正确
	采购策略	23	06：省公司采购
	采购方式	24	05：竞争性谈判
	流标计划申报情况	25	延迟采购或流标等上级单位退回计划是否已转入申报，防止遗漏
	计划重复核查	26	“单体项目名称 & 物料编码”组合后，不存在重复情形
	数量	27	服务计划数量必须为 1
	概算价格	28	(1)必须为含税单价，且与概算总价保持一致，单位为“元”，金额要符合物料清单中的备注要求； (2)系统采购申请金额和授权采购计划审批表等金额一致
	概算总价	29	必须为含税总价，且与概算单价保持一致，单位为“元”，不超过项目可研批复金额
	承包方式	30	必填，基建类可选工程量清单计价，其他均为总价承包，不允许填写单价承包
	项目名称	31	不存在空、显示不全、仅显示“变电站工程”、不符合国网公司项目命名规则等不规范情形。显示不全的，将未显示的内容填写在“采购申请备注”里；显示齐全的，不允许在“采购申请备注”里补充。授权采购服务类项目名称统一按照“单位简称”＋“需求部门名称”（如需要）＋“年份”＋“采购内容”进行规范。“采购内容”应结合具体工作内容并参照服务主数据特征值描述填写。例如：国网××供电公司安监部 2023 年安全用电视频制作技术服务
	规范项目名称	32	对中类为“零星服务”“综合服务”且名称不规范的项目，在本字段填写规范的项目名称。系统编制技术规范时，单体工程名称要用规范项目名称。其他类别的计划，原则上不允许填写“规范项目名称”字段，如有需求请先与被授权单位物资部门联系沟通
	单体项目编码	33	综合计划类项目编码从网上电网、成本类项目编码从财务系统读取，无法取数的进行单独核实，不允许为空
	项目概况（审批表）	34	概况描述应控制在 200 字以内，表述清楚具体采购内容，且与所选物料一致。
	工程规模（ERP）	35	必填，填写工程主要开展的工作内容，不能填写工程实施目的，也不能用项目名称直接代替
	首批交货日期	36	首批交货日期对应工期开始时间，为工程开始时间，填写时间最早为定标后一个月（详见申报通知要求）

（续表）

类别	审查项	序号	审查要点
（二）商务信息审查	交货日期	37	交货期对应工期结束时间，为工程结束日期
	设计施工监理工期	38	必填，工期开始时间对应首批交货日期，工期结束时间对应交货期，工期开始时间和结束时间用短横线连接。示例：首批交货日期填写20230929，交货期填写20231220，则工期填写202309－202312
	建设地点及承包方式	39	必填，建设地点填写市或县，承包方式要与上面的“承包方式”保持一致
	详细交货地点	40	必填，填写市或县，例如“安徽省合肥市”“安徽省阜阳市颍上县”
	交货地点及交货方式	41	必填，选“7”
	设计单位	42	必填，如无设计单位选择其他设计
	技术规范 ID	43	技术规范 ID 具有唯一性，中间的九位编码要与物料编码保持一致，系统的单体工程名称要与规范项目名称（如有）或项目名称保持一致，状态为“审批通过”
	年度需求计划编码及版本号	44	在物资一站式平台“全网采购需求统一管理”模块生成 V2 版的年度需求计划，上传上级单位。将年度计划编码和版本号填写在企业资源管理系统中（客户数据页签下），用 ZMM12293 代码检查年度计划和越级说明校验，结果应为“年度需求计划、越级物料说明和采购方式一致性校验通过”
	主管部门	45	不允许为空（系统已设置下拉框选择项）
	业务外包	46	必填，业务外包项目需提供备案单
	工厂名称核查	47	工厂名称是否选择正确，不能为空
	ECP 组织 ID	48	不能为空
（三）技术信息审查	技术规范书	49	技术规范书可按照以下顺序选用编制：公司统一编制的技术规范书范本；授权单位统一编制的技术规范书范本；被授权单位统一编制的技术规范书范本；其他技术规范书范本
		50	技术规范书编码是否填写错误，导致找不到匹配的技术规范书。
		51	核查技术规范书格式内容正确规范。 （1）技术规范书是否成功上传、打开； （2）应上传图纸的技术规范书是否缺少图纸或无法不开； （3）技术规范书是否缺少关键的技术要求和参数； （4）技术规范书关键性内容错误 （5）工作量清单应准确完整编制
		52	核查技术规范书与采购计划一致性，主要是指采购项目名称、数量与一致性

（续表）

类别	审查项	序号	审查要点
（三）技术信息审查	技术规范书	53	采购内容不得包含两级集中采购范围内物资，重点核查“维修、维保”类项目是否包含两级采购目录范围内物资，是否包含乙供物资
		54	技术标准和规范、项目管理要求、质量保证及售后服务、验收要求应与实际项目内容相符。例如不能出现广告宣传项目和表述施工、监理内容
		55	技术规范书项目进度时间安排及内容需符合逻辑，相关时间最早不能早于定标时间
		56	不得包含可能限制或者排斥应答人的限制性条款，以及与项目实施无关的其他不合理要求
		57	技术规范书在电子商务平台里编制，状态为“审批通过”。ZMM12293可进行技术规范书校验，在计划行信息，技术规范ID验证状态为“1”，验证原因说明为“电子商务平台审批通过”。如显示“电子商务平台未找到”，检查技术规范是否审批通过，可撤销审批，再审批通过，保证ERP计划技术规范校验为通过状态。（被授权单位审查）
		58	技术规范书项目名称应同电子商务平台中单体工程名称与系统中单体工程名称、物资一站式平台年度需求计划编码中名称完全一致，因系统字段限制等因素造成的名称不一致情况，在系统文本信息中填写正确的项目名称
		59	不存在“三个不一致”（物料描述与技术规范内容不一致、技术规范内容前后不一致、物料描述与实际需求不一致）
		60	不存在“三个乱添加”： (1)乱添加技术标准外的技术要求和参数，包括：资格要求，送检、检测依据、指定检测机构，特定中标条件，企业业绩、信誉要求，产品资质、厂商资格要求，卖方现场服务人员资质，最高投标限价，投标人注册资金； (2)乱添加规定外的组部件和备品备件； (3)乱添加特定、指定的供应商产品：指定型号，内容包含厂家名称，指定具体尺寸、重量、体积，要求进口设备，指定品牌
		61	需复核电子商务平台技术规范书中内容是否为最终修改确认后版本
	工程量清单计价标准	62	工作量清单中计价标准应符合社会行情，例如物业费按照单位面积计量。对编制工程量清单等计价标准不清晰的，由项目部门委托专业造价咨询机构编制
		63	严禁将项目主要实施内容笼统作为工作量，例如×广告宣传项目1项、印刷服务1项
（四）智能审查系统运用	计划智能审查（ERP）	64	新版智能审查功能已在一站式平台部署，可对从储备库提报的计划和企业资源管理系统中的计划，进行商务和部分技术信息辅助审查

(二)物料编码

各项目申报需求单位应结合最新授权采购要求,按照技术标准物料清单(见表 4-3)选取物料,正确选择标准完整的物料描述,保证物料编码与物料描述两者对应,同时在系统对应物料扩展描述字段填写,并且在计划申报截止时将部门涉及物料的扩展描述反馈至计划申报审核人员。

表 4-3 技术标准物料清单

技术标准物料清单

物料大类	物料中类	物料小类	物料描述	计量单位	扩展描述
服务	综合服务	电力设施保护	电力设施保护,护线服务	项	护线巡视,通道快巡,固定外破点蹲守、检查、消除缺陷隐患;杆号牌、警示牌、电缆平台围栏、防钓鱼围栏、限高架等修理,警示、提醒等服务
服务	综合服务	电力设施保护	电力设施保护,通道清理	项	变电站围墙或线路等周边树木、易漂浮物等通道异物清理、鸟巢清理等服务
服务	运维服务	后勤服务	后勤服务,绿化美化服务	项	公司生产、经营、办公场所绿化栽培养护
服务	运维服务	后勤服务	后勤服务,绿化美化服务	项	变电站、开闭所等生产运维区域草坪维护除草,场地硬化,绿化养护服务
服务	运维服务	后勤服务	后勤服务,卫生保洁	项	公司生产、经营、办公场所日常的卫生保洁工作
服务	运维服务	后勤服务	后勤服务,卫生保洁	项	对变电站、开闭所等生产运维场所环境整治,卫生清理,提供保障建筑物和设施的干净整洁的服务
服务	综合服务	技术服务	技术服务,技术监督服务	项	500kV 以下电网工程设备质量、技术监督,包括但不限于:电网设备生产制造、安装调试过程中的技术资料核查、设备监督、技术监督和金属技术监督等工作
服务	综合服务	技术服务	技术服务,技术监督服务	项	500kV 及以上电网工程设备质量、技术监督,包括但不限于:电网设备生产制造、安装调试过程中的技术资料核查、设备质量监督、技术监督和金属技术监督等工作

（续表）

物料大类	物料中类	物料小类	物料描述	计量单位	扩展描述
服务	综合服务	技术服务	技术服务，技术开发服务	项	电网一次设备、配套系统、专业技术开发
服务	综合服务	技术服务	技术服务，技术开发服务	项	电网一般性技术开发（除一次设备、二次设备、调度设备研发以外），提供相关报告（非科技部下达科技项目）
服务	综合服务	技术服务	技术服务，技术开发服务	项	电网二次设备、配套系统、专业技术开发
服务	综合服务	技术服务	技术服务，技术开发服务	项	调度主站/分工作站系统相关技术的研究与开发
服务	综合服务	技术服务	技术服务，技术支持服务，厂家技术服务	项	设备制造厂家或设备原厂家授权单位提供检修技术指导和维修所需零配件（不含国省招采购范围物资）
服务	综合服务	技术服务	技术服务，技术支持服务，测绘服务	项	地下综合管线专业探测
服务	综合服务	技术服务	技术服务，技术支持服务，设备故障分析	项	为设备故提供分析检测服务
服务	综合服务	设备检测试验	设备检测试验，SF6 气体检测	项	输变电设备或附属设施 SF6 气体检测
服务	综合服务	设备检测试验	设备检测试验，X 光探伤检测	项	输变电设备或附属设施 X 光探伤检测
服务	综合服务	设备检测试验	设备检测试验，电缆缓冲层带电检测	项	输配电电缆缓冲层带电检测服务
服务	综合服务	设备检测试验	设备检测试验，电能质量检测	项	用户、变电站电能质量检测与预控
服务	综合服务	设备检测试验	设备检测试验，红外检测	项	输配电线路、变电站内设备精确测温
服务	综合服务	设备检测试验	设备检测试验，接地电阻检测	项	接地网接地电阻精确测试
服务	综合服务	设备检测试验	设备检测试验，接地环流检测	项	输配电线路接地环流检测
服务	综合服务	设备检测试验	设备检测试验，金属材料检测	项	电网设备金属材料性能检测

（续表）

物料大类	物料中类	物料小类	物料描述	计量单位	扩展描述
服务	综合服务	设备检测试验	设备检测试验，局放检测	项	输电线路电缆局放检测；配电架空线路、电缆、开关设备、GIS组合电器局放检测；变电站（换流站）变电开关柜设备、GIS组合电器、变压器（换流变）设备局放检测
服务	综合服务	设备检测试验	设备检测试验，绝缘子检测	项	复合绝缘子憎水性检测，瓷绝缘子低零值检测等
服务	综合服务	设备检测试验	设备检测试验，抗短路能力试验	项	变压器抗短路能力试验
服务	综合服务	设备检测试验	设备检测试验，设备状态检测	项	变压器、断路器、隔离开关、继电保护装置等设备状态检测
服务	综合服务	设备检测试验	设备检测试验，蓄电池核容	项	变电站蓄电池核容
服务	综合服务	设备检测试验	设备检测试验，油样检测	项	变电站充油设备进行油样检测
服务	综合服务	设备检测试验	设备检测试验，紫外检测	项	设备紫外检测
服务	综合服务	设备检测试验	设备检测试验，自动化功能测试	项	自动化终端设备（测控装置）检测试验、自动化功能整组测试等工作
服务	运维服务	非电网设备维保	非电网设备维保，安防设施设备	项	对生产现场安防设施设备修理，安防系统维保及专项运维，安防视频监控修理维保及专项运维，电子围栏维保
服务	运维服务	非电网设备维保	非电网设备维保，检定装置	项	计量检定装置、互感器检定装置等检定装置维保
服务	运维服务	非电网设备维保	非电网设备维保，其他设备维保	项	其他设备维保，包括生活设施，大门，排风扇，水泵，防汛设施，防小动物设施，汇控柜空调、除湿机，锁具，标识，五箱，防误闭锁装置，生活用水系统，动力及照明系统，门禁系统，会议系统，调度行政交换系统，安全防护设备，专变终端采集等维保，光缆测试熔接机辅助服务，防火封堵、防腐、涂层憎水性修复

（续表）

物料大类	物料中类	物料小类	物料描述	计量单位	扩展描述
服务	运维服务	非电网设备维保	非电网设备维保，其他设备维保	项	对交换系统、接入设备、录音系统、视频监控设备、数据通信网设备、数字移动及无线接入设备、通信电源系统、通信配线设备、通信网络管理系统、终端通信接入网设备、机房辅助设施、通信动环监控系统、视频会议系统及外围设备、通信光缆等通信系统非电网设备维保
服务	运维服务	非电网设备维保	非电网设备维保，视频监控	项	输变、配电设备监控视频运维修理
服务	运维服务	非电网设备维保	非电网设备维保，仪器仪表	项	对仪器仪表、工器具运行采取的检查、保养、修理、检测、清扫、标志维护、维保
服务	运维服务	非电网设备维保	非电网设备维保，仪器仪表	项	无人机模块升级，常规维保或运维
服务	综合服务	生产装备检测试验	生产装备检测试验，工器具	项	生产作业工器具检测试验
服务	综合服务	生产装备检测试验	生产装备检测试验，仪器仪表	项	仪器仪表校验
服务	零星服务	消防服务	消防服务，消防设备设施维保	项	变电站内消防设施设备修理及专项运维；变压器固定灭火装置维保修理及专项运维；消防系统设备维保
服务	综合服务	技术服务	技术服务，技术支持服务，科技技术服务	项	根据委托方对电力工程、电网设备、电网运行等某一技术课题的要求，向委托方提供相关报告和成果，参与制定相关技术标准、导则、规范等发表
服务	综合服务	技术服务	技术服务，技术支持服务，科技技术服务	项	根据委托方对电网发展、综合计划、统计分析、投资质效等某一技术课题的要求，为委托方提供技术性的建议和解决方案
服务	数字化服务	数字化运维	数字化运维，信息系统运维	项	对数字化部的信息系统进行常态化运维服务

（续表）

物料大类	物料中类	物料小类	物料描述	计量单位	扩展描述
服务	数字化服务	数字化运维	数字化运维，信息系统运维	项	信息系统集成实施及运维服务（含电力监控系统、运检自动化系统等信息系统运维）
服务	数字化服务	数字化运维	数字化运维，数字化设备运维	项	针对数字化设备的运维及维保服务（含桌面终端、机房基础设施、网络及安全设备、主机存储设备等）
服务	数字化服务	数字化运维	数字化运维，数字化设备运维	项	精密空调控制系统及附属设施、机房基础设施、桌面终端设备系统、网络及安全设备、主机存储设备、无线专网设备、数字化系统、远程智能巡视系统等数字化设备运维
服务	综合服务	设备安装调试（非电网）	设备安装调试（非电网）	项	套管末屏在线监测装置、电能表检定装置、LED 大屏等非电网设备安装调试
服务	综合服务	设备安装调试（非电网）	设备安装调试（非电网）	项	对光传输系统、光缆、数据通信网等非电网通信系统设备安装调试
服务	综合服务	设备安装调试（非电网）	设备安装调试（非电网）	项	对通信业务网系统、设备等（调度交换级录音系统、行政交换及录音系统、视频会议等）非电网通信系统设备安装调试
服务	综合服务	设备安装调试（非电网）	设备安装调试（非电网）	项	对通信接入网系统、设备（PON、无线专网）等非电网通信系统设备安装调试
服务	综合服务	设备安装调试（非电网）	设备安装调试（非电网）	项	对通信支撑系统、设备等（通信电源、频率同步、网管系统、动环系统）非电网通信系统设备安装调试

（三）技术规范书模板

各项目申报需求单位对应物料技术规范书应根据授权采购通用技术规范书范本格式（见表 4-4）进行编制，使技术标准和规范、项目管理要求、质量保证及售后服务、验收要求应与实际项目内容相符，确保技术规范书与采购计划一致性。

表 4-4 授权采购通用技术规范书范本

（项目名称）技术规范书

1. 项目基本情况

1.1 项目概况

简要介绍项目基本情况，包括项目背景、必要性、投资规模等内容。

【示例】

依据国家相关法律法规和公司营销管理制度，以信息化手段为依托，实施营销普查和规范两年专项行动，全面摸排公司经营区内各类用户基础档案和营销管理情况，治理典型问题，补齐业务短板，规范制度流程，推动营销数字化转型，为“十四五”营销转型升级和高质量发展奠定坚实基础。

1.2　项目目标

描述项目实施所达到的期望结果，项目所能交付的成果，包括各种技术和质量指标。

【示例】

通过电话、工单体检、调查问卷、现场普查等方式，核查居民用户户名、地址、联系方式、证件信息，居民用户基础档案普查率100%。普查用户同步完成注册绑定率100%。通过开展用电安全指导，全面提升服务满意度。

1.3　项目实施内容

简明描述项目实施具体内容，尽可能量化，可明确使用的工具和技术、服务手段等。

【示例】

完成××公司辖区内40%城镇居民客户普查，共44594户，具体通过开展线上普查和现场普查等形式完成。

2. 技术标准和规范（如果本项目确实需求此部分内容，则填写实质性内容；如果不需要，下方内容写“无”。）

明确项目实施应遵从的一种或多种相关技术标准，主要包括国家和地方政府制定的相关标准，取费定额、网省公司制定的相关导则和规范等。

2.1　国家法律法规

【示例】

(1)中华人民共和国电力工业部令第8号供电营业规则

(2)《建设项目使用林地审核审批管理办法》(国家林业局第35号令，2015年5月1日施行)

2.2　国家行业标准

【示例】

(1)GB50339—2013《智能建筑工程质量验收规范》

(2)GB50974—2014《消防给水及消火栓系统技术规范》

2.3　工程造价计价依据

【示例】

(1)GB50500—2003《建设工程工程量清单计价规范》

(2)《电网工程建设预算编制与计算规定》(2013版)

(3)《国网安徽省电力公司关于印发电网基建(建设)项目成本费用开支标准模板的通知》

2.4 企业标准

【示例】

(1)Q/GDW563—2010《输电线路状态监测代理技术规范》

(2)Q/GDW11843—2018《电网小型基建项目初步设计内容深度规定》

3. 项目管理要求

3.1 服务总体要求

主要明确项目重要的响应要求、技术指标要求和性能要求等内容。

【示例】

应答人必须遵守采购人及项目单位相关管理规定,保质保量完成辖区内居民用户营销普查实施过程中涉及的各类数据处理的有关业务工作。具体通过开展线上普查和现场普查等形式,核查居民用户户名、地址、联系方式、证件信息,针对普查工作开展过程中进度、质量等开展报表统计及数据分析工作,针对普查工作开展情况通过调研回访完成普查闭环管控。

3.2 组织机构与人员要求(不得在本部分添加对人员或者企业的资质要求)

主要针对项目服务人员数量、能力等提出明确规定,重点对人员稳定性保证、人员纪律保障等方面提出相应的要求。

【示例 1】

应答人保证项目团队的主要人员在实施阶段中的稳定性,未经过项目单位同意应答人不得随意更换人员。

项目单位或应答人认为需要更换项目负责人或团队成员时,均应提前两个星期向对方申明并说明原因,应答人应在同时提出新的符合合同要求的项目负责人和团队成员人选,经项目单位同意并办理交接手续后方可更换。本项目成员不得同时参与其他项目。

【示例 2】

应答人应能够提供经验丰富的项目实施队伍参加到此项目的实施,整个项目进行当中应确保项目实施人员的稳定性,在项目管理方案中应具体说明本次项目组织,提交项目组主要成员的简历,简历应标明所参与的项目名称、起止时间、承担角色、负责/完成的工作。

应答方充分必须了解项目单位项目实施服务的内容,并在此基础上提供服务。

3.3 进度要求

详见采购公告。(此处为固定内容)

3.4 工作量清单

详见附件"工作量清单"。

3.5 其他要求

如无,可不填写;如有,可描述项目资料与报告、项目保密、安全管理、环保管理等相关要求。

【示例 1】

安全质量要求

认真贯彻国家、地方、国家电网公司有关安全生产的方针、政策和法律法规、规程规范及标准，切实履行相关的安全文明施工、环境保护管理责任。

应遵守的法律法规、规章制度如下：

(1)中华人民共和国安全生产法

(2)国务院《建设工程安全生产管理条例》

(3)国家发改委《电力建设安全工作规程》(DL5009.2、DL5009.3)

(4)国家电网公司《电力建设安全健康与环境管理工作规定》

(5)国家电网公司《电力安全工作规程》

(6)国家电网公司相关安全文明施工的规定和规程

(7)工程所属的地方安全、环境法规

(8)建设单位、总包单位有关安全文明施工的规章制度

【示例2】

保密要求

应答方应对在合同洽谈、履行过程中了解到的采购方商业秘密、提供的文件资料以及其他尚未公开的有关信息履行保密承诺，并采取相应的保密措施。主要包括：

(1)未经采购方书面同意，不得将有关商业秘密、文件资料和合作过程中的信息披露给任何第三人。

(2)不得将商业秘密文件资料和合作过程中的信息用于本合作以外的其他目的。

(3)在本合作终止或因采购方要求，及时返还有关文件资料和相关信息资料。

应答方违反保密义务的，应承担一切法律责任并赔偿采购方因此遭受的全部损失。

4. 质量保证及售后服务

应答人对服务质量合乎标准进行承诺，包括各个阶段工作满足项目单位对质量的要求，制定项目质量控制计划和实施措施、质保期限等内容。

【示例】

(1)应答方应建立严格的质量保证体系，制定项目质量控制计划和实施措施，并督促落实各阶段宣传推广内容和目标；保证项目各个阶段工作满足项目单位对质量的要求。

(2)应答方应根据整个宣传推广工作计划，对阶段性工作成果进行审查和测试，并向项目单位提交里程碑式工作成果。通过保证各阶段性成果的质量，最终保证整个项目宣传推广过程的质量。

(3)在项目实施周期内，如出现运营活动无法正常运行的情况，应答方必须保证在报修24小时内恢复。

(4)项目正式投运后，质保期一年，提供工作日5×24小时技术支持，如有需要则派技术团队现场支持。

5. 验收要求

根据具体项目特点和验收需要填写，可以选择一种或者多种验收方式和验收标准，包括服务成果说明，以及各项重要条件。

【示例 1】

项目验收由项目单位主持，组织有关专家、用户组成验收小组，按照××公司制定的验收审核标准，对项目的渠道宣传方案、宣传推广效果等进行验收检查，成交人需协助向需求方提供数据结果和交付成果等佐证文件，提升客户关注度、下载使用量和活跃度，完成预期的推广任务目标。

【示例 2】

在工程完工/服务结束后，成交单位应提供×××验收报告，报告应包含但不限于以下内容：

(1)设备运行状态、试运行阶段技术参数达标情况，是否满足建设要求；

(2)目前在运×××系统验收申请单和巡视巡检记录等资料。

6. 其他事项

6.1 报价填写要求

根据服务需求报价。(此处为固定内容)

6.2 合同模板

使用采购公告合同模板。(此处为固定内容)

6.3 后续服务(如果本项目确实需求此部分内容，则填写实质性内容；如果不需要，则下方内容写“无”。)

项目试运行后，针对采购方系统应用人员开展技术培训，包含信息安全、系统使用、作业实操等。

附表：工作量清单

工作量清单						
项目名称：	××工程					
序号	工作量名称	单位	工程量	主要内容及范围说明	综合单价(元/单位)	合价(元)
示例	必填项	必填项	必填项	必填项(根据实际需求扩展范围内容)	投标人填写	投标人填写
1	室内外红外高清摄像头维护	个		明确型号、特征值		
2	高清网络硬盘录像机维护	套		明确型号、特征值		
3	视频监控交换机维护	套		明确型号、特征值		
	合计					

注：

第五节 合同签订

一、合同管理原则

合同管理以“统分结合、支撑业务、防范风险、科技赋能、辅助决策”为原则，保障公司持续健康稳定发展。

统分结合：坚持统一归口管理、统一合同文本、统一信息平台等管理要求，根据新业务、新业态发展需要，允许各单位根据实际在文本适用、审核审批流程等方面实行差异化管理，满足不同类型业务管理需求。

支撑业务：参与业务开展过程中的合同谈判，为合同履行过程中涉法问题和争议纠纷处理提供法律服务，超前谋划新业务的合同条款设计，充分体现合同管理服务业务发展的核心价值。

防范风险：落实管控要求，规范操作流程，加强合同法律合规风险防控，强化合同磋商、签订、用印、履行各环节的依法合规管理，以合同为抓手防范公司经营风险。

科技赋能：积极运用云计算、人工智能、区块链等前沿技术，深化“聚焦、赋能、智慧、共享”的合同管理数字化平台建设，实现全程在线办理、条款自动匹配、合同智能审核等功能，增强对合同管理的支撑能力。

辅助决策：加强对合同数据价值的挖掘分析，全景展示合作伙伴、交易对方、业务模式、价格趋势、风险分布等方面信息，为公司经营决策提供参考。

二、合同签订流程

在确定合同对方当事人时，合同承办人应对合同对方当事人的主体资格和资信状况进行审查，确保其具备履约能力并符合资格要求。

合同文本由承办部门负责起草。原则上以我方为主起草合同；合同由对方起草的，承办部门应对合同文本进行审核确认，再由承办人发起会签流转。合同承办部门起草合同时，应会同合同归口管理部门按以下先后顺序选用合同文本：

1. 国家或地方有关政府部门制定并强制适用的合同文本；
2. 统一合同文本，此次以电力设备运检成本项目两项合同为例（见表 4－5、表 4－6）；
3. 各单位参考合同文本；
4. 行业参考性示范合同文本；
5. 其他合同文本。

履行招标、非招标等采购程序的，承办部门须在采购文件编制阶段选择相应的合同文本，补充完善实质性条款后，提交给物资管理部门（招投标管理部门）纳入采购文件。

确定合同对方当事人后，双方根据采购文件、应答文件以及采购结果完成合同起草，合同条款不得违背上述材料的实质性内容。

项目部门在履行服务合同签订的同时，按照企业安全管控要求，同步签订安全协议（见表 4－7）。

附表 4－5　成本项目技术施工合同，

成本项目施工合同

合同编号(甲方)：

合同编号(乙方)：

工程/设施名称：

发包方(甲方)：

承包方(乙方)：

签订日期：

签订地点：

目　　录

(检修/技术改造)施工合同

发包方(甲方):
承包方(乙方):

鉴于甲方拟委托乙方承担的检修/技术改造施工工作(以下简称“项目”),且乙方同意接受该委托,根据《中华人民共和国民法典》及其他有关法律、法规和规章的规定,双方经协商一致,订立本合同。

1. 项目概况

1.1 项目名称:____________________
1.2 项目地点:____________________
1.3 项目内容:____________________

2. 承包范围

承包范围:____________________。

3. 承包方式

本项目实行承包。乙方应按照合同约定的工期、质量和安全要求完成检修/技术改造施工工作。

4. 项目负责人

4.1　甲方就本项目委派的项目负责人是;乙方委派的项目负责人是:。
4.2　甲方委托作为项目的技术监督工程师/技术监督人。
(1)甲方项目负责人。
(2)监理单位:。
4.3　技术监督工程师/技术监督人对本工程实行工程质量监督,其主要职责如下:
(1)检查检修/技术改造、试验所采用的标准、规程符合性;
(2)参与审查检修/技术改造、试验方案和检修/技术改造协调工作;
(3)参与评定和验收检修/技术改造质量;
(4)对试验调试结果进行确认;
(5)随时向甲方报告检修/技术改造、试验质量问题;
(6)向甲方提交工作技术监督报告;
(7)甲方授予的其他职责。
4.4　乙方应对技术监督工程师/技术监督人的监督工作给予全面合作并提供必要的协助。乙方在本合同下的责任和义务,不因技术监督工程师/技术监督人对乙方提交文件的审查或批准,对项目、材料和设备的检查和检验,以及为实施监督作出的指示等职务行为而减轻或解除。

5. 工期

5.1 计划总工期：________日(日历工期，包括法定节假日)。

计划开工日期：________年________月________日，实际开工日期以发包人书面通知的开工日期为准。

计划竣工日期：________年________月________日，实际竣工日期以工程竣工验收相关证书或验收报告中写明的日期为准。

5.2 乙方应在约定的期限内完成项目并通过竣工验收。若项目未在约定工期内通过竣工验收，乙方应按照合同约定承担违约责任。乙方承担违约责任并不减轻或者免除其按合同约定完成项目及修补缺陷的义务。

6. 项目质量

6.1 项目质量目标：。

6.2 乙方应严格按照电力建设施工及验收技术规范等标准(具体标准名称详见附件1《项目技术规范》)和经甲方审定的施工图纸进行施工。乙方对施工提出的合理化建议，须经甲方认可并书面确认后方可实施。

6.3 乙方应建立健全项目质量管理体系，具备完善的质量管理组织。

6.4 乙方应在正式施工前，编制施工组织措施计划并在合同生效后日内(含本数)提交甲方。施工组织措施计划经甲方批准后，乙方方可正式进行施工。

6.5 甲方有权对项目的所有部位及其施工工艺、材料和设备进行检查和检验。乙方应在材料或零件开箱、检修/技术改造关键节点、关键工序时通知甲方进行检查和检验并为此提供方便。甲方的上述检查和检验，并不减轻或者免除乙方按合同约定应承担的义务与责任。

6.6 甲乙双方约定下列内容(或隐蔽部位)，甲方必须进行复检：。

乙方自检确认的项目隐蔽部位具备覆盖条件后，应提前24小时书面通知甲方检查，通知应附有自检记录和必要的检查资料。项目经甲方检查确认质量符合隐蔽要求，并在检查记录上签字后，乙方才能进行覆盖。甲方检查确认质量不合格的，乙方应在甲方指示的时间内修整返工后，由甲方重新检查，修整返工所产生的费用和工期延误责任，由乙方承担。

6.7 本项目的质量保修期为从项目通过竣工验收之日起开始起算至止。如果项目在质量保修期内发生因乙方原因造成的质量事故和质量缺陷，乙方应在甲方要求的时间内自费进行修理、更换或采取其他适当的补救措施，并对因该缺陷而引起的其他设备损害进行修理、更换，使之恢复完好。乙方拒不执行修改、更换、完善的或无法进行修改、更换、完善的，甲方有权利无限期拒绝支付质量保修金，并要求乙方按照本合同第14.2.3项约定承担违约责任。

如果乙方未能在甲方要求的期限内开始对该缺陷进行必需的补救工作，甲方可采用合理的方式进行补救，因此而发生的费用由乙方承担。

7. 安全文明管理

7.1 本项目的安全管理以实现人身伤亡“零事故”为目标，乙方应保证不发生以下五种事故：

7.1.1　不发生人身伤亡事故；

7.1.2　不发生施工机械设备损坏事故；

7.1.3　不发生重大火灾事故；

7.1.4　不发生负主要责任的重大交通事故；

7.1.5　不发生环境污染事故和重大垮(坍)塌事故。

7.2　乙方应遵守所有现行的有关安全、文明施工的规章制度。除非本合同另有约定，自进入施工场地直到项目通过竣工验收为止，乙方应：

7.2.1　全面负责检修/技术改造区内施工人员及甲方在现场人员的安全，组织并保持施工场地和项目秩序良好，避免发生人身事故；

7.2.2　为了保护项目或为了公众及其他人员的安全及方便，应采取必要的安全措施，并在《安全协议》中明确；

7.2.3　严格按照国家安全标准制定施工安全操作规程，配备必要的安全生产和劳动保护设施，加强对乙方人员的安全教育，并发放安全工作手册和劳动保护用具；

7.2.4　建立以现场负责人为第一安全责任人的各级安全施工责任制。项目所有现场参与人员(包括但不限于劳务分包商人员、临时用工)均应纳入项目安全管理网络；制定各级人员的安全职责，建立和健全安全保证体系和监督体系；

7.2.5　建立健全符合项目实际情况、具有可操作性的安全管理制度，完善项目安全保障体系，建立安全管理、监督网络，根据项目的进展配备足够的安全管理资源，并确保实施到位。

7.3　在施工中发生的所有安全事故，均由乙方自行承担相应的责任和费用，乙方应作为事故责任单位按国家有关规定，及时如实地向有关部门报告事故发生的情况，以及正在采取的紧急措施等。

7.4　甲方有权对项目施工过程中的安全文明施工工作实行随时监督、检查，发现施工现场发生违反安全文明施工相关规定的情况时，有权责令乙方停工整顿，由此发生的损失和费用由乙方承担。甲方的监督或检查并不减轻或免除乙方按本合同约定应承担的任何义务和责任。

7.5　甲乙双方应就项目的安全责任签订《安全协议》(附件 2)，有关现场照明、护栏、围墙、警告标志及守卫设施等内容应在《安全协议》中规定。

8. 验收

8.1　甲方有权对项目进行监督并检查所有项目的工作进度，乙方须为甲方进行此类监督和检查提供方便。甲方的该类监督或检查并不减轻或免除乙方按本合同约定应承担的任何义务和责任。

8.2　对项目完工前未经甲方正式验收的任何项目，如发现有任何缺陷或不符合本合同的要求，甲方有权书面通知乙方进行纠正。如果乙方未能在收到甲方通知后日内(含本数)纠正该缺陷或不符合之处，甲方可以采取任何合理的措施进行纠正，由此发生的费用和工期延误责任由乙方承担。甲方进行上述纠正并不影响其根据合同提出任何索赔要求的权利。

8.3 项目完工后须根据甲方的要求进行自检，自检合格后向甲方报请竣工验收，竣工验收分为不带电验收和带电试运（试运行）两阶段。

8.4 项目完工后，乙方应提前通知甲方进行不带电验收。如果项目第一次未能通过不带电验收，乙方应及时采取措施纠正相关缺陷并通知甲方重新验收，纠正相关缺陷和甲方因再次验收所发生的费用由乙方承担。若乙方未采取有效措施纠正相关缺陷导致项目延期，应按照本合同第14.2.3项约定承担违约责任。

8.5 项目通过不带电验收并带电投运后即进入试运行阶段，试运行期为项目通过不带电验收并带电投运后天（含本数）。乙方应保证项目在试运行期内符合合同约定的质量目标。如试运行失败，甲方将组织进行原因分析，若因乙方检修/技术改造质量问题引起试运行中断，乙方应立即改正处理，并承担由此发生的所有费用及再次试运行所发生的费用。

8.6 项目通过不带电验收并试运行合格后，视为项目通过竣工验收，甲方将向乙方签发项目竣工证书。

8.7 双方约定项目竣工后日内完成验收，乙方应在项目通过竣工验收后日内（含本数）向甲方提交如下竣工资料：

8.7.1 竣工、检修/技术改造和试验报告；

8.7.2 上述所有的竣工资料均应为一式三份原件，须真实、齐全、完好，并应符合甲方档案管理要求。

9. 双方义务

9.1 除合同另有约定外，甲方应承担以下义务：

9.1.1 负责提供满足本项目施工进度所需的图纸、说明书、资料和有关项目文件；

9.1.2 在适当的时候，提供施工场地，准予乙方人员进入项目现场；

9.1.3 负责协调运行部门，按时取得或给予项目施工需要的所有许可；

9.1.4 按合同约定组织项目的阶段性验收；

9.1.5 根据需要，做好与电力调度部门有关协调工作，并及时通知乙方有关计划安排。

9.1.6 保障农民工工资支付

（1）甲方应当按照合同约定及时拨付工程款，并将人工费用中涉及农民工工资部分及时足额拨付至农民工工资专用账户，加强对乙方按时足额支付农民工工资的监督。

（2）甲方应当以项目为单位建立保障农民工工资支付协调机制和工资拖欠预防机制，督促乙方加强劳动用工管理，妥善处理与农民工工资支付相关的矛盾纠纷。发生农民工集体讨薪事件的，发包人应当会同承包人及时处理，并向项目所在地人力资源社会保障行政部门和相关行业工程建设主管部门报告有关情况。

（3）其他：。

9.2 除合同另有约定外，乙方应承担以下义务：

9.2.1 按国家行业有关标准、规程、规范要求进行项目施工；

9.2.2 全面适当履行本合同中约定应由乙方负责完成的项目承包范围内的全部工作，达到合同约定的要求；

9.2.3 采取切实有效措施和手段以保证实现合同要求的工期、质量和安全目标；

9.2.4　配合甲方完成本项目的竣工验收工作，并按规定办理本项目竣工验收手续；

9.2.5　对本项目施工期间的人身安全负全部责任，对施工期间因施工及其他乙方原因引起的设备和运行事故负全部责任；

9.2.6　负责办理进场工作的相关手续，清理影响施工的障碍物，对甲方提供的设备、材料采取妥善保护措施并正确使用，对使用不当产生的后果承担全部法律责任；

9.2.7　处理好施工过程中与相关方的关系，做好施工现场保卫和垃圾清理等工作，并承担相关费用；

9.2.8　因乙方施工设备问题影响项目进度和质量时，乙方应按甲方要求及时增加或更换施工设备，由此发生的费用和工期延误责任由乙方承担。

9.2.9　乙方应按照《安全生产责任保险实施办法》（安监总办〔2017〕140 号）的规定投保安全生产责任保险。

9.2.10　乙方有义务配合甲方做好与本合同有关的审计工作。

9.2.11　保障农民工工资支付

（1）乙方应当开设农民工工资款专用账户（户名：；账号：；开户银行：），专项用于支付本工程建设项目农民工工资，并妥善保存农民工工资专用账户开设、使用的有关资料。

（2）对于甲方按照合同约定拨付的人工费用，乙方应当按照保障农民工工资按时足额支付的要求专款专用。

（3）乙方应当按照有关规定存储工资保证金，专项用于支付为所承包工程提供劳动的农民工被拖欠的工资。

（4）乙方应当将农民工工资支付纳入施工实名制管理，加强支付信息实名登记、审核。工资支付实名制信息应包括工资支付对象姓名、身份证号码、社会保障卡号或工资银行卡号、工资支付周期、工资支付日期等信息，以及劳动合同或协议复印件、身份证复印件、银行卡复印件等材料。

（5）乙方应当建立用工管理台账，并保存至工程完工且工资全部结清后至少 3 年；乙方、分包人应按照工资支付周期编制书面工资支付台账，并至少保存 3 年。书面工资支付台账应当包括单位名称、支付周期、支付日期、支付对象姓名、身份证号码、联系方式、工作时间，应发工资项目及数额、代扣、代缴、扣除项目和数额，实发工资数额，银行代发工资凭证和农民工人员签字等内容。

（6）乙方应当在施工项目部醒目位置设立维权信息告示牌，并按照国家相关规定明示相关事项。

（7）乙方或分包人应当依法与其所招用的农民工订立劳动合同并进行用工实名登记，及时、准确、全面地录入国家电网有限公司相关管理系统，否则施工人员不得进入项目现场施工；未在进场前编制《农民工实名制工资信息报审表》或该报审表未经甲方和监理（如有）审核通过的，施工人员不得进入项目现场施工。

（8）乙方应按照前款有关劳动用工要求对分包人劳动用工实施监督管理；同时，依法推行分包人农民工工资委托乙方代发制度。

① 乙方依法分包的，应与分包人依法签订分包合同，并明确约定工程款计量周期、工程款进度结算管理办法以及农民工工资支付流程、规定等内容。

② 乙方应当在工程项目部配备劳资专管员，掌握施工现场用工、考勤、工资支付等情况，审核分包人编制的农民工工资支付表。

③ 乙方根据分包人编制的工资支付表，通过农民工工资专用账户直接将工资支付到农民工本人银行账户，农民工代扣、代缴部分由分包人依法直接负责。完成工资支付后，乙方向分包人提供代发工资银行转账凭证复印件，原件作为财务凭证附件由乙方存档保存。

(9)乙方与甲方、分包人因工程数量、质量、造价等产生争议的，乙方不得因争议不按照约定代发农民工工资。发生下列情形之一的，由乙方负责清偿：

① 分包人拖欠农民工工资的；

② 因工程建设项目转包或违法分包拖欠农民工工资的。

(10)乙方或其分包人所负责的工程出现拖欠农民工工资纠纷，甲方有权从未结工程款中扣减与拖欠工资对应款项，并向农民工支付。乙方认可甲方扣减工程款项的行为，该行为视为甲方已按期履行相应的工程款支付义务。

(11)其他：。

10. 材料和设备

10.1　乙方提供的材料和设备

10.1.1　除甲方供应的材料和设备外，进行项目施工所需其他材料和设备均由乙方自行采购，乙方应将自购材料和设备采购计划及采购合同副本提交甲方备案。

10.1.2　乙方提供的材料和设备均由乙方负责采购、运输和保管。乙方应向甲方提交其负责提供的材料和设备的质量证明文件，并满足合同约定的质量标准。

10.1.3　乙方采购的材料和设备所使用的原材料及其制成品质量必须达到国家标准或行业标准、施工验收规范以及设计技术要求，乙方应对其质量负完全责任。如有不合格的材料和成品，乙方必须负责更换并承担费用，由此引起进度延误的，工期不予顺延。

10.1.4　乙方应会同甲方对材料和设备进行检验和交货验收，查验材料合格证明和产品合格证书，并按合同约定，进行材料的抽样检验和设备的检验测试。乙方应提供检验、测试及试验任何材料或设备通常所需要的协助，包括但不限于劳力、电力、燃料、储藏室、仪器及仪表，并应在这些材料或设备等用于项目之前，按甲方的选择和要求，提供材料样品以供试验，检验和测试结果应提交甲方，所需费用由乙方承担；

10.1.5　如果乙方在施工过程中，使用劣质、不合格或不符合要求的材料，或有欺骗行为等严重违约行为的，甲方有权终止本合同并追究乙方的责任。

10.2　甲方提供的材料和设备

甲方提供的材料和设备的名称、规格、数量、价格、交货方式、交货地点和计划交货日期见《甲供设备/材料清单》(附件3)。

10.3　运入施工现场的材料、设备，包括但不限于备品备件、安装专用工器具与随机资料，应专用于项目，未经甲方同意，乙方不得运出施工现场或挪作他用。

10.4　甲方有权拒绝乙方提供的不合格材料或设备，并可要求乙方立即进行更换。甲方可在更换后再次进行检查和检验，由此发生的费用和工期延误责任由乙方承担。

11. 分包

11.1　未经甲方书面同意，乙方不得将项目分包给第三方。乙方擅自将项目对外分包的，甲方有权拒绝支付分包工作对应的合同价款并终止合同；同时，乙方应按照合同约定，承担相应的违约责任。甲方同意乙方分包的，乙方不得将项目中的主体工作进行分包，分包内容总费用不得超过项目总费用的50%。

11.2　乙方应与分包人就分包项目向甲方承担连带责任。甲方对分包的同意，并不减轻或者免除乙方应承担的任何合同责任或义务。

11.3　乙方按合同约定分包项目的，应向甲方提交分包合同副本。

11.4　乙方须对分包项目的施工全过程进行有效控制，确保项目建设满足合同要求，安全处于受控状态。乙方不得将本合同下的质量、安全等责任以签订分包合同、安全协议等方式转移给分包商。

11.5　乙方应加强分包管理，及时支付相关分包费用。甲方有权监督乙方分包（含劳务分包）费用支付，如果乙方或其分包商所负责的工程出现拖欠工资纠纷，甲方有权要求乙方限期整改，并从履约保证金或工程款中扣除相应金额用于纠纷处理。

12. 合同价格

12.1　本合同价格按照确定：

12.1.1　实行总价承包的，本合同价格为人民币（大写）

（¥）（含税），其中不含税价元，增值税税率，增值税税额元。若国家出台新的税收政策，合同约定税率与国家法律法规及税务机关规定的税率不一致时，对于尚未完成结算且未开具增值税税率发票的部分，按照国家法律法规及税务机关规定的增值税税率调整含税价格，价格调整以不含税价为基准。

12.1.2　实行单价承包的，本合同暂定价格为人民币（大写）

（¥）（含税），其中不含税价元，增值税税率，增值税税额元。最终合同价格根据项目结算时的项目量、项目工程量清单价格、包干费用（如有）以及根据合同约定需增减的其他费用确定，工程量清单价格见《工程量清单价格表》（附件4）。若国家出台新的税收政策，合同约定税率与国家法律法规及税务机关规定的税率不一致时，对于尚未完成结算且未开具增值税税率发票的部分，按照国家法律法规及税务机关规定的增值税税率调整含税价格，价格调整以不含税价为基准。

12.1.3　实行费率承包的，本合同暂定价格为人民币（大写）

（¥）（含税），其中不含税价元，增值税税率，增值税税额元。最终按照乘以%确定。若国家出台新的税收政策，合同约定税率与国家法律法规及税务机关规定的税率不一致时，对于尚未完成结算且未开具增值税税率发票的部分，按照国家法律法规及税务机关规定的增值税税率调整含税价格，价格调整以不含税价为基准。

12.1.4　其他方式。

12.2 实行总价承包的合同价格，以及单价承包合同下的项目单价和单列包干费用均为固定价，在合同有效期间保持不变，不因市场变化、政策调整、不可抗力事件或其他任何因素而调整。

对于未能实施的或甲方决定取消的施工项目，按照相应单价和包干费用从合同价格中扣除相应价款。

因乙方对施工提出的合理化建议，使项目造价降低或避免损失的，经甲方审查确认后，甲方将根据情况，按降低项目造价或避免造成损失额的%对乙方进行奖励，奖励金额随进度款一并支付。

采用框架协议招标方式确定施工承包人的工程，审定的施工图预算价乘以折扣率为该工程的签约合同价款；采用公开招标方式但未编制工程量清单的工程，中标通知书中的中标价为该工程的签约合同价款；实行总价承包的合同，以审定施工图预算为基础，按照合同双方商定的工程变更增减价的方式确定工程合同价格，工程变更增减价执行以下条款：

采用总价承包方式的合同，在履行合同中发生下列情形之一，导致工程任何一项工作内容的实际工程量与签约工程量偏差超过±5%时，对合同价格进行调整；实际工程量与签约工程量偏差在±5%以内时，不调整合同价格。物价波动不调整合同价格。变更的范围和内容：(1)设计变更；(2)取消合同中任何一项工作；(3)为完成工程需要追加的额外工作。

12.3 合同价款按以下约定支付：

12.3.1 本合同生效后15日内(含本数)，甲方按合同价格的________%向乙方支付预付款；

12.3.2 在________条件下15日内(含本数)，甲方按合同价格的________%向乙方支付进度款；

12.3.3 项目通过竣工验收且结算完毕，甲方收到乙方开具的合同结算价格的合格发票后30日内(含本数)，甲方向乙方支付扣除质量保修金后的剩余结算价款；

12.3.4 最终合同价格的3%作为质量保修金，甲方将在保修期结束、保修证书签发、项目无质量事故、无人身伤亡事故、全部项目档案和资料移交后28日内(含本数)向乙方支付质量保修金的剩余部分。

乙方可在日内向甲方提供质量保证金保函或工程质量保证保险。乙方提供质量保证金保函的，质量保证金保函应为中国注册的具有担保经营业务资格的银行或有关金融机构开具；乙方投保工程质量保证保险的，保险公司应具有建设工程类保证保险经营业务资格，且相关建设工程履约保证保险产品应经银行保险监管部门审批或备案。甲方在收到质量保证金保函或工程质量保证保险后向乙方支付质量保证金。逾期不提交或者质量保证金保函或工程质量保证保险不符合要求的，视为乙方选择以现金保证金替代质量保证金保函或工程质量保证保险。

尽管有上述规定，甲方有权从任何一笔应向乙方支付的合同价款中扣除乙方按合同约定应向甲方支付的违约金、赔偿金或其他费用。

12.4 本项目须开具与结算金额等额的增值税专用发票，发票税率为%，若国家出台新的税收政策，则按新政策执行。承包方开具发票前，须与发包方核对该工程项目的发票开具信息，如承包方开具的增值税专用发票由于开票信息错误等原因导致发包方无法认证抵扣，应由承包方及时更换；未及时更换的，发包方有权拒绝付款，并要求承包方负责对发包方损失进行补偿。

12.5 工程款支付担保

甲方应按下列时间、方式、金额向乙方提供工程款支付担保。

(1)时间：。

(2)方式：

□工程款支付保函

□工程款支付保险

□其他：。

(3)金额：。

12.6　人工费用

12.6.1　本合同价格中人工费按照以下第种方式确定：

(1)工程款采用总价计价方式的，人工费用为乙方投标文件中声明的金额或比例。

(2)工程款采用清单计价方式的，依据现场实际已完工程量进行计算。

(3)工程款采用定额计价方式的，通过预算定额，依据现场实际已完工程量进行计算。

(4)其他方式：。

12.6.2　人工费用的拨付周期不得超过 1 个月，具体为：

□按月拨付

□按周拨付

□其他。

承包人应在人工费用到达专用账户后日内支付给农民工。

13. 结算

13.1　乙方应在项目竣工验收总结会议后 15 天内(含本数)向甲方提交合同价款结算申请报告，应附相关证明材料。因特殊原因不能按时提交的结算事项，应在结算申请报告中向甲方说明不能提交的原因。乙方未在约定时间内提交结算申请报告，或结算申请报告中无结算事项且未说明理由的，视为乙方放弃有关权利。

甲方对结算申请报告内容进行审核或委托有资质的第三方中介机构进行审计，有异议的，有权要求乙方在规定时间内进行修正和提供补充资料，乙方未在甲方规定时间内提交经修正的结算申请报告的，视为放弃相关权利。

13.2　甲方收到乙方提交的结算申请报告后，经审核或委托有资质的第三方中介机构进行审计，如无异议，应在 14 天内(含本数)向乙方签发结算证书或类似文件，列明甲方按合同最终应支付给乙方的金额；确认甲方以前已支付的所有款额和根据合同有权得到的全部金额后，甲方还应支付给乙方，或者乙方还应支付给甲方的余额。

13.3　合同价款的结算依据：

13.3.1　本合同及有关补充协议；

13.3.2　乙方提交的全部项目竣工资料；

13.3.3　项目结算证书；

13.3.4　项目验收合格证明；

13.3.5　项目招标文件/中标通知书(如有)。

13.4　合同提前终止的，合同价款结算程序由双方另行协商。

14. 违约责任

14.1　乙方在履行合同过程中违反合同约定，发生包括但不限于下列情况时，属违约行为：

14.1.1　未经甲方书面同意，私自将合同的全部或部分义务转移给其他人。

14.1.2 违反合同约定使用不合格材料或项目设备，项目质量达不到标准要求和/或拒绝清除不合格项目。

14.1.3 未能按合同进度计划及时完成合同约定的工作，已造成或预期造成工期延误；

14.1.4 无法继续履行或明确表示不履行或实质上已停止履行合同；

14.1.5 未完成本合同约定的安全目标，造成人身重伤及以上事故、设备及运行事故、重大安全事故、重大质量事故等；

14.1.6 乙方、分包人违反国家有关法规、国家电网有限公司规章制度或者本合同规定的农民工工资支付规定的；

14.1.7 乙方不按合同约定履行义务的其他情况。

14.2 乙方的违约责任

乙方发生上述第14.1款约定的违约行为的，甲方有权要求乙方承担继续履行、赔偿损失和/或支付违约金等违约责任。

14.2.1 乙方发生上述第14.1.4项违约行为时，甲方有权立即解除合同，并可聘请其他方继续完成项目；乙方应赔偿甲方因此发生的损失，并支付相当于合同价格20%的违约金。

14.2.2 乙方发生除上述第14.1.4项以外的其他违约行为时，甲方可向乙方发出整改通知，要求其在指定的期限内改正。乙方在甲方发出整改通知14天内(含本数)仍不纠正违约行为，或未在甲方指定期限内改正违约行为的，甲方可向乙方发出解除合同通知，解除合同。

14.2.3 乙方造成工期延误的，工期每延误1天应向甲方支付相当于合同价格%的违约金，延误超过天的，甲方有权解除合同，此等解除并不减轻或免除乙方依据本合同约定支付违约金的义务。乙方造成项目资料移交延误的，延误超过1天小于2天的应向甲方支付相当于合同价格%的违约金，延误超过2天小于5天的应向甲方支付相当于合同价格%的违约金，延误超过5天的应向甲方支付相当于合同价格%的违约金。

14.2.4 因乙方责任造成人身重伤、设备及运行事故，甲方有权要求乙方支付不少于合同价格20%的违约金。具体的违约金数额由甲方根据事故的性质和严重程度确定。违约金在合同价款结算时一次性扣除。

14.2.5 因乙方责任造成重大安全事故的，乙方应向甲方支付合同价格%的违约金；造成重大质量事故的，应向甲方支付合同价格%的违约金。

14.2.6 乙方按合同约定应支付的违约金低于给甲方造成的损失的，并应就差额部分向甲方进行赔偿。

14.2.7 乙方按本合同第14.2.3、14.2.4、14.2.5项约定应支付的违约金累计达到合同价格30%的，甲方有权解除本合同，此等解除并不减轻或免除乙方依据本合同约定支付违约金的义务。

14.2.8 项目实施过程中因拆卸、更换等产生的废旧设备、材料等，所有权属于甲方，乙方应负责保管(保管费用已包含在本合同价款中)并根据甲方书面指示进行相应处理。在项目实施过程中，由于乙方原因导致因拆卸、更换等产生的废旧设备、材料等遗失、被盗或未按照甲方相应指示进行处理，乙方应承担设备、材料损失等相关责任。

合同因乙方原因解除后，甲方可另行组织人员或委托其他方进行施工，乙方应承担甲方因此所发生的全部费用。

除合同另有约定外，合同解除后甲方有权因继续完成该项目的需要，扣留使用乙方在现场的材料、设备。甲方的这一行为并不减轻或者免除乙方应承担的违约责任，也不影响甲方根据合同约定享有的索赔权利。

14.2.9　乙方、分包人违反国家有关法规、国家电网有限公司规章制度或者本合同规定的农民工工资支付规定的，乙方应承担下列违约责任：

(1)乙方、分包人未按照国家有关规定、国家电网有限公司规章制度或者本合同约定及时足额支付农民工工资的，应向发包人支付签约合同价%的违约金，并应承担相应法律责任。

(2)乙方未按照国家有关规定、国家电网有限公司规章制度或者本合同约定存储工资保证金的，应向发包人支付签约合同价%的违约金，并应承担相应法律责任。

(3)乙方未按照国家有关规定、国家电网有限公司规章制度或者本合同约定建立用工管理台账、工资支付台账并保存的，应向发包人支付签约合同价%的违约金，并应承担相应法律责任。

14.3　甲方的违约责任

甲方逾期支付工程预付款、工程进度款、人工费用、竣工结算款等合同价款的，应就逾期部分向乙方支付按照合同订立时全国银行间同业拆借中心公布的1年期贷款市场报价利率计算的逾期付款违约金。

15. 争议解决

15.1　因合同及合同有关事项发生的争议，双方应本着诚实信用原则，通过友好协商解决；经协商仍无法达成一致的，按以下第种方式处理：

(1)仲裁：提交仲裁委员会，按照申请仲裁时该仲裁机构有效的仲裁规则进行仲裁。仲裁裁决是终局的，对双方均有约束力。

(2)诉讼：向所在地人民法院提起诉讼。

15.2　在争议解决期间，合同中未涉及争议部分的条款仍须履行。

16. 合同组成文件

下列文件为合同的组成部分：

16.1　双方在合同履行过程中达成的纪要、协议等构成合同的其他文件；

16.2　合同及附件；

16.3　中标(签约)通知书(如有)；

16.4　采购文件、招标文件和投标文件(如有)；

16.5　技术标准和要求；

16.6　图纸和已标价工程量清单(如有)。

上述文件应互相解释，互为说明，如有不一致之处，解释合同文件的优先顺序以上述文件所列顺序为准。

上述各项合同文件包括合同当事人就该项合同文件所作出的补充和修改，属于同一类内容的文件，应以最新签署的为准。乙方承诺除偏差表释明外已完全响应甲方招标文件，若发生投标文本与招标文本不一致的，则甲方有权选择以招标文件或投标文件为准。

在合同订立及履行过程中形成的与合同有关的文件均构成合同文件组成部分，并根据其性质确定优先解释顺序。

17. 合同生效

本合同自双方法定代表人（负责人）或其授权代表签署并加盖双方公章或合同专用章之日起生效。合同签订日期以双方中最后一方签署并加盖公章或合同专用章的日期为准。

18. 份数

本合同一式份，甲方执份，乙方执份，具有同等效力。

19. 特别约定

本特别约定是合同各方经协商后对合同其他条款的修改或补充，如有不一致，以特别约定为准。

（以下无正文）

签署页

甲方：	乙方：
（盖章）	（盖章）
法定代表人（负责人）或 授权代表（签字）：	法定代表人（负责人）或 授权代表（签字）：
日期：	日期：
地址：	地址：
联系人：	联系人：
电话：	电话：
传真：	传真：
Email：	Email：
开户银行：	开户银行：
账号：	账号：
统一社会信用代码：	统一社会信用代码：

表 4-6　成本项目技术服务合同

成本项目技术服务合同

合同编号(甲方)：

合同编号(乙方)：

项目名称：

委托方(甲方)：

受托方(乙方)：

签订时间：

签订地点：

有效期限：

目　　录

技术服务合同

委托方(甲方):

受托方(乙方):

鉴于本合同为甲方委托乙方就项目进行的专项技术服务,并支付相应的技术服务报酬。为明确各自的权利和义务,双方经过平等协商,根据《中华人民共和国民法典》等有关法律法规的规定,订立本合同。

1. 技术服务项目概要

1.1　技术服务的目标:。

1.2　技术服务的内容:。

1.3　技术服务的方式:。

2. 技术服务具体要求

2.1　技术服务地点:。

2.2　技术服务期限:。

2.3　技术服务进度:。

2.4　技术服务质量要求:。

详见附件二《技术服务承诺书》。

3. 甲方提供的工作条件及协作事项

3.1　提供的工作条件:

(1);

(2)。

3.2　提供的技术资料:

(1);

(2)。

3.3　其他:。

3.4　甲方提供上述工作条件和协作事项的时间及方式:。

4. 组织与管理

4.1　在本合同有效期内,乙方应派出专业技术人员为甲方提供技术服务。技术服务人员名单见附件《技术服务人员表》。

4.2　本合同双方分别指定项目负责人如下:

(1)甲方负责人:,电话:;

(2)乙方负责人:,电话:。

项目负责人的主要职责为:

(1)牵头组织本方技术服务工作;

(2)负责组织协调合同的签订、履行;

(3)负责跟踪或报告技术服务工作进展和成果；

(4)负责与另一方的沟通协调、信息传递等工作，为技术服务工作提供便利条件。

4.3　人员更换

4.3.1　一方变更项目负责人的，应当及时以书面形式通知另一方。

4.3.2　乙方更换其项目负责人与其他技术服务人员，须征得甲方书面同意。

4.3.3　甲方认为乙方工作人员不能胜任项目工作或玩忽职守的，有权要求乙方立即更换。上述被更换的人员无甲方另行批准不得重新参加本项目技术服务工作。

5. 技术服务报酬及支付方式

5.1　技术服务报酬总额为：人民币(大写)(￥)(含税)，其中，不含税价人民币(大写)(￥)，增值税税率%，增值税税额元。当合同约定的税率与国家税法规定及税务机关认定的税率不一致时，以国家税法规定及税务机关认定的税率为准进行调整，调整时以不含税价为基准，执行国家法规规定及税务机关规定的税率。

该报酬包含乙方履行本合同所需全部费用，包括但不限于员工工资、加班费、咨询费、资料费、交通费、食宿费以及税费等。

5.2　技术服务报酬由甲方(一次或分期)支付乙方。具体支付方式和时间如下：

(1)。(2)。(3)。

乙方应提供真实合法有效且符合甲方主管税务机关标准的等额增值税发票，乙方未按合同约定提供发票的，甲方有权相应延期付款且不视为违约。

6. 技术服务工作成果的验收

6.1　乙方完成技术服务工作的形式：。

6.2　技术服务工作成果的验收标准：。

6.3　技术服务工作成果的验收方法：。

6.4　验收的时间和地点：。

7. 知识产权

7.1　乙方提交的技术服务工作成果及相关知识产权归(甲、乙、双)方所有。

7.2　甲方利用乙方提交的技术服务工作成果所完成的新的技术成果，归(甲、乙、双)方所有。

7.3　乙方在履行本合同过程中所完成的新的技术成果，归(甲、乙、双)方所有。

8. 保密义务

8.1　一方及其工作人员应对技术服务合同签订、履行过程中了解到的涉及另一方商业秘密的文件资料以及其他尚未公开的有关信息承担保密责任，并采取相应的保密措施。双方应承担的保密义务包括但不限于：

8.1.1　未经一方书面同意，另一方不得将上述保密信息披露给任何第三人；

8.1.2　不得将上述保密信息用于本合同以外的其他目的。

8.1.3　在技术服务项目通过评审后或按合同要求，及时将上述资料和信息返还对方或按对方要求作适当处理。

8.2　涉密人员范围

甲方涉密人员范围：。

乙方涉密人员范围：。

8.3 上述保密义务的期限至保密信息正式向社会公开之日或一方书面解除另一方此合同项下保密义务之日止。

9. 违约责任

9.1 乙方不履行本合同义务或履行义务不符合约定的，甲方有权要求乙方承担继续履行、赔偿损失或支付违约金等违约责任。

9.1.1 乙方未按期完成技术服务工作的，每逾期1天，应向甲方支付相当于技术服务报酬%的违约金；逾期超过日的，甲方有权单方解除合同。

9.1.2 乙方未按合同约定履行合同义务，经甲方催告仍未纠正的，甲方有权单方解除合同。由于整改纠正造成进度延期交付的视同逾期交付。

9.1.3 乙方提供的技术服务不符合本合同约定的验收标准，未通过甲方验收的，乙方应退还甲方已支付的全部款项，并向甲方支付相当于技术服务报酬%的违约金。

9.1.4 乙方违反合同约定的保密义务，应承担一切法律责任并向甲方支付相当于技术服务报酬%的违约金。

9.1.5 合同因乙方原因解除的，甲方有权停止支付并要求乙方退还甲方已支付的全部款项，且乙方应向甲方支付相当于技术服务报酬%的违约金。

9.1.6 乙方因违约需要向甲方支付违约金或赔偿损失的，甲方有权从任何一期合同应付款项中予以扣除。

9.2 甲方不履行本合同义务或者履行义务不符合约定的，乙方有权要求甲方承担继续履行、支付违约金等违约责任。

9.2.1 甲方不提供工作条件或提供的工作条件不符合约定，影响工作进度和质量，承担由此造成的项目延期、费用增加的责任。

9.2.2 甲方逾期支付技术服务报酬的，应就逾期部分向乙方支付按照全国银行间同业拆借中心公布的同期贷款市场报价利率计算的逾期付款违约金。

9.2.3 甲方无正当理由不接受工作成果的，已支付的报酬不得追回，未支付的报酬应当支付，并向乙方支付相当于技术服务报酬%的违约金；甲方无正当理由逾期接受工作成果的，每逾期1天，应向乙方支付相当于技术服务报酬%的违约金，逾期超过日的，乙方有权单方解除合同。

9.2.4 甲方违反合同约定的保密义务，应承担一切法律责任并向乙方支付相当于技术服务报酬%的违约金。

10. 合同变更和解除

10.1 双方经协商一致可变更或解除合同，并以书面形式确定。

10.2 有下列情形之一的，一方可以向另一方提出变更或解除合同的书面请求，另一方应当在10日内予以书面答复；逾期未予书面答复的，视为同意：

(1)因对方违约使合同不能继续履行或没有必要继续履行；

(2)。

10.3 法律规定的合同解除情形出现时，一方主张解除合同的，应当书面通知对方。合同自通知到达对方时解除。

10.4　本合同中约定可单方解除合同的，单方解除合同的条件成就时，享有解除权的一方可单方解除合同，但应书面通知对方。合同自通知到达对方时解除。

11. 争议解决

11.1　因合同及合同有关事项发生的争议，双方应本着诚实信用原则，通过友好协商解决；经协商仍无法达成一致的，按以下第种方式处理：

(1)仲裁：提交仲裁委员会，按照申请仲裁时该仲裁机构有效的仲裁规则进行仲裁。仲裁裁决是终局的，对双方均有约束力。

(2)诉讼：向所在地人民法院提起诉讼。

11.2　在争议解决期间，合同中未涉及争议部分的条款仍须履行。

12. 名词和技术术语的定义和解释

12.1　。

12.2　。

13. 本合同的组成部分

与履行本合同有关的下列技术文件，经双方约定，作为本合同的组成部分。

13.1　技术背景资料：；

13.2　可行性论证报告：；

13.3　技术评价报告：；

13.4　技术标准和规范：；

13.5　原始设计和工艺文件：；

13.6　其他：。

14. 其他

14.1　本合同经双方法定代表人(负责人)或其授权代表签署并加盖双方公章或合同专用章之日起生效。合同签订日期以双方中最后一方签署并加盖公章或合同专用章的日期为准。

14.2　本合同一式份，甲方执份，乙方执份，具有同等法律效力。

14.3　特别约定

本特别约定是合同各方经协商后对合同其他条款的修改或补充，如有不一致，以特别约定为准。

(以下无正文)

签署页

甲方： （盖章）	乙方： （盖章）
法定代表人（负责人）或 授权代表（签字）：	法定代表人（负责人）或 授权代表（签字）：
签订日期：	签订日期：
地址：	地址：
联系人：	联系人：
电话：	电话：
传真：	传真：
Email：	Email：
开户银行：	开户银行：
账号：	账号：
统一社会信用代码：	统一社会信用代码：

表 4-7　电网企业成本项目安全协议模板

电网企业运检成本项目安全协议

发包单位：(以下简称甲方)________________________________

承包单位：(以下简称乙方)________________________________

为贯彻“安全第一、预防为主、综合治理”的安全生产方针，明确甲乙双方安全责任，提高施工现场安全文明施工管理水平，保障工程项目安全和施工人员的安全与健康，根据国家有关法律法规、上级有关安全管理规定，结合本工程特点，双方在签订施工合同时，经协商一致，签订本协议。

一、工程项目

1. 工程项目名称：________________

2. 工程地址：________________

3. 承包范围：________________

4. 承包形式：________________

5. 合同名称：________________

6. 工程项目期限：自________年________月________日

至________年________月________日

(注：若因其他因素影响，实际施工期以业主项目部安排为准。)

二、安全目标

不发生八级及以上人身事件；不发生因工程建设引起的八级及以上电网、设备事件；不发生火灾事故；不发生环境污染事件；不发生因施工引发的交通事故；不发生安全稳定事件。

三、应执行的法规制度

承发包双方应执行的主要法律法规、规程规范及标准制度，包括但不限于：

1.《中华人民共和国安全生产法》(中华人民共和国主席令第十三号)

2. 国务院《建设工程安全生产管理条例》(国务院令第 393 号)

3.《国家发展改革委 国家能源局关于加强和规范涉电力领域失信联合惩戒对象名单管理工作的实施意见》(发改运行规〔2018〕233 号)

4.《国家电网公司电力安全工作规程》变电部分、线路部分(Q/GDW1799.1—2013、Q/GDW1799.2—2013)

5.《国家电网公司电力安全工作规程(配电部分)》(Q/GDW10799.8—2013)

6.《国家电网有限公司电力建设安全工作规程》Q/GDW 11957.2—2020

7.《国家电网公司城乡配网建设与改造工程业主、监理、施工项目部安全管理工作规范(试行)》(安监二〔2017〕56 号)

8.《国家电网公司业务外包安全监督管理办法》(国家电网企管〔2017〕311 号)

9.《国家电网公司关于印发生产现场作业“十不干”的通知》(国家电网安监〔2018〕

21号)

10.《国家电网有限公司安全事故调查规程》(国家电网安监〔2020〕820号)

11.《国家电网有限公司关于进一步规范和明确反违章工作有关事项的通知》(国家电网安监〔2023〕234号)

12.《严重违章条款释义》(安监二〔2023〕48号)

13.《国网安徽省电力公司关于加强电网建设改造工程施工外包安全管控的指导意见》(皖电安监〔2015〕273号)

14. 国网安徽省电力公司关于印发《配网检修作业"防触电、防高坠、防倒杆"重点措施(试行)》的通知(电运检工作〔2016〕375号)

15.《国网安徽省电力有限公司关于印发城农网工程水泥电杆防倒杆十项技术措施(试行)的通知》(皖电运检〔2017〕249号)

16.《国网安徽省电力有限公司关于印发城农网工程水泥电杆防倒杆十项组织措施(试行)的通知》(皖电运检〔2017〕300号)

17.《国网安徽省电力有限公司配电工作票管理规定》(电企管工作〔2017〕494号)

18.《国网安徽省电力有限公司关于印发关于开展配电网工程安全管理提升专项行动的工作意见的通知》(皖电运检〔2018〕53号)

19.《国网安徽省电力有限公司外包工程反违章管理规范》(皖电安监〔2020〕213号)

四、双方的权利和义务

1. 承发包双方必须认真贯彻国家、地方有关安全生产的方针、政策和法律法规、规程规范及标准制度,执行国家电网有限公司和国网安徽省电力有限公司有关安全生产的管理制度和规定,切实履行安全文明施工、环境保护管理责任。

2. 施工项目按照"先签订合同和安全协议,后开工"的原则,双方在未签订施工合同和安全协议前,不得以任何理由提前或者要求提前开工。

3. 施工过程中发生人身、电网、设备、信息、环境污染、火灾、交通等事故(事件),承包方应全力组织抢救伤员和保护现场,启动应急预案,降低事故损失,并按照有关事故报告的规定,及时向业主项目部报告;发包方应协助承包方开展抢救伤员和保护现场,启动应急预案;承发包双方应同时向各自的上级单位、地方安全生产监督和管理部门报告事故情况,协助和组织事故调查,吸取事故教训,做到"四不放过"。

4. 发包方的安全文明施工权利和义务

1)对承包方承包资质的合法性和合规性进行核查。不符合规定的,有权要求承包方停工整改;整改不力的,有权终止合同。

2)承包方存在工程转包、违法违规分包的,有权要求承包方停工整改;整改不力的,有权终止合同。

3)有权对承包方进场人员的资质、体检、保险等情况进行检查和验证,并检查承包方人员人证相符情况,不符合规定的,有权要求承包方更换人员;未按要求更换的,有权终止合同。

4)对经资格审查和安全考试都合格的施工人员统一组织发放"入场证",并建立人员档案信息。

5）有权督促承包方使用合格的施工机械、起重设备、工器具及安全防护设施、安全用具，并有权在现场检查承包方使用的安全工器具和施工机具。

6）负责对承包方进行工程安全技术交底，对承包方提交的施工方案进行备案审查。

7）按照规定，参与相关施工作业的现场勘察；对涉及运行设备的工作票进行“双签发”，完成应由发包方设置的安全措施。

8）督导承包方规范应用安全生产风险管控平台（APP）或配网工程现场施工管控（APP）、使用视频监控设备。

9）有权开展现场安全监督检查，纠正违章行为，提出整改意见。视其违章严重程度采取违章计分、扣除施工合同款、责令停工整顿以及终止合同。

10）有权对承包方报送的作业计划与实际工程量进行核实。

11）有权从安全、质量等方面对承包方项目实施情况进行评价，并将评价结果作为后期施工队伍选择的参考依据。

5. 承包方的安全文明施工权利和义务

1）有权要求发包方及时提供设计图纸，进行工程安全交底等，并有权要求发包方提供必要的安全施工条件。

2）有权按照相关规定，根据施工需要，要求发包方对工作票进行签发、许可。

3）有权对发包方在工程施工安全管理工作中存在的问题，提出意见和改进建议，有权拒绝执行违反安全生产规章制度并可能造成安全事故的指令。

4）应按合同约定配备符合规定的项目管理人员及现场作业人员，提供本企业资信资质、施工人员资格证明、体检证明、意外伤害保险等材料，并对其真实性负责。

5）应按要求对所有施工人员开展年度安全培训和考试，并向发包方提供合格人员名单及成绩备案。

6）所有施工人员应符合国家和地方有关用工规定，经承包方自行审查合格后，相关资料向发包方报审，经发包方审核同意后发放“入场证”。人员应保持稳定，变更需及时报告发包方并履行变更手续。入场人员只能从事与本人已办理准入资质相应的工作。禁止无“入场证”人员参加现场工作。

7）应对使用的施工机械、起重设备、工（机）具、安全工器具和安全防护用品等进行检查、维护，确保合格有效，并教育督促作业人员正确使用。

8）应加强作业计划管理。必须熟练掌握并规范使用安全生产风险管控平台（APP）。施工过程中，承包方应按照要求，提前在安全风险管控平台（APP）中如实申报作业计划，并严格按照申报的时间、地点和工程量开展作业。如承包方未在安全风险管控平台（APP）申报作业计划，擅自开展作业，或未按申报的时间、地点和工程量开展作业，均视为无计划作业，属于违约行为，将严格按照施工合同的约定进行处置。

9）应落实安全组织技术措施。严格落实经发包方备案的施工方案，确需变更的要经发包方同意并办理变更手续。按要求规范应用安全生产风险管控平台（APP）或配网工程现场施工管控（APP）、使用视频监控设备。每日现场作业开工前，工作负责人必须对所有施工人员进行现场安全交底并签名确认。

10)应遵守关于工程分包的有关法律法规要求,经发包方同意允许分包的工程,承包方应负责与分包方签订分包合同及安全协议,并负责分包工程的全过程安全管理。

11)应自觉接受发包方及监理人员的管理和监督,对其依法合规提出的问题和要求,必须按期完成整改。

6. 发包方支付给承包方的工程款中已包含承包方为组织本项目安全生产所需的必要费用。承包方应当按照相关法律、法规、规章和标准的有关规定和本协议,保证将相关安全生产要求落实到位,不断完善和改进工程安全生产条件。

五、违约责任

1. 发包方发生附表1所列的发包方违约事项,承包方有权拒绝作业,由此造成的直接经济损失,发包方应予以补偿。补偿标准按照技工________元/工日、普工________元/工日执行,协商不成的由发包方上级主管部门协调裁定或者依法处置。

2. 承包方发生附表2所列的"闯红线"违章,发包方扣除承包方施工合同款30000元/次,并对施工企业及施工项目部经理、现场工作负责人和违章当事人分别违章记分12分,直接列入国网安徽省电力有限公司业务外包"黑名单"管理。

3. 承包方发生附表2所列的特别严重违章,发包方扣除承包方施工合同款30000元/次,并对施工企业及施工项目部经理、现场工作负责人和违章当事人分别违章记分6分。

4. 承包方发生附表2所列的严重违章,发包方按照扣除承包方施工合同款10000元/次,并对施工企业及施工项目部经理、现场工作负责人和违章当事人分别违章记分3分。

5. 承包方发生一般违章(依据上述规章制度),发包方按照承包方扣除施工合同款1000元/次,并对施工企业及施工项目部经理、现场工作负责人和违章当事人分别违章记分2分。

6. 在一个自然年内,承包方违章扣分累计达到6分,责令其停工整顿1天,并由发包方(或者其上级单位)约谈承包方施工项目经理;承包方违章扣分累计达到9分,责令其停工整顿3天,并由发包方(或者其上级单位)约谈承包方法定代表人。停工期间造成的损失由承包方自行承担。

7. 承包方违章记分全省累计达到6分的,该施工企业(个人)纳入国网安徽省电力有限公司"重点关注名单"管理;违章记分全省累计达到12分的,该施工企业(个人)纳入国网安徽省电力有限公司业务外包"黑名单"管理。

8. 以上处理措施由施工管理部门负责落实。

9. 承包方因资质、资格不符和转包、违规分包、无计划作业问题造成"闯红线"违章(见附表2),直接列入国网安徽省电力有限公司业务外包"黑名单"管理,视同承包人根本性违约,发包人有权单方解除合同,因此产生的损失和法律责任由承包人承担,合同已履行部分结算金额按发包人确认后的实际工程量确定。

10. 外包施工单位作业现场安全管控良好,通过省、市级稽查队"四不两直"检查,未发现违章行为的作业现场,每次可以抵扣该施工单位安全违章记分1分。抵扣需由承包方提出申请,国网安徽省电力有限公司相关管理部门审核后实施。

11. 对于符合《国家发展改革委国家能源局关于加强和规范涉电力领域失信联合惩戒对象名单管理工作的实施意见》(发改运行规〔2018〕233号)规定条件的,由发包方向政府监管部门报告失信行为信息。

12. 因安全生产问题被列入国网安徽省电力有限公司业务外包“黑名单”和“重点关注名单”管理的，期限为1年。

13. 被列入业务外包“重点关注名单”和“黑名单”管理期满后，由承包方提交移出业务外包“重点关注名单”和“黑名单”申请，由国网安徽省电力有限公司相关管理部门审核后实施，如果确认相关企业仍不满足安全条件的，应推迟将该企业移出业务外包“黑名单”和“重点关注名单”。

14. 纳入业务外包“重点关注名单”和“黑名单”的外包施工单位和个人，其失信行为同时纳入国网安徽省电力有限公司安全诚信档案，长期有效。

15. 发生安全事故及环保事件后，承发包双方除执行本协议规定外，还应按照政府、上级关于事故调查处理的有关规定接受相应的处理。

六、附则

1. 本协议约定的各项条款，经双方签字、盖章生效后，作为合同一部分与主合同具有同等法律效力。

2. 协议有效期按照合同工期。合同工期变更，本协议有效期相应变更；合同施工工作内容、范围有变动时，应及时签订补充协议。

3. 承发包双方在执行本协议中产生的异议或者纠纷，有权申请政府主管机构进行协调；经协调后仍存在争议的，有权通过法律途径进行裁决。

4. 其他未尽事宜，可另行约定。

5. 本协议一式六份，承发包双方各执三份。

（签署页）

发包方：
单位名称（盖章）：

单位地址：

法定代表人：
（或授权代理人）

签订日期：____年____月____日

承包方：
单位名称（盖章）：

单位地址：

法定代表人：
（或授权代理人）

签订日期：____年____月____日

第五章　电力设备运检成本项目实施管理

第一节　项目资金管理

一、项目资金支出管理

成本项目管理是一项跨部门、多环节的系统作业。项目实施阶段资金管理需要通过借助信息系统等技术手段，以标准 WBS 架构为基础，以采购订单管理为脉络，以投资预算和竣工决算等价值管理为主线，实现流程规范、标准统一、职责清晰的全过程管理。

开展项目资金需求动态预测，依据项目投资规模和实施进度，准确预测项目款项支付金额与时点，形成远、中、近期项目资金需求预测结果，为融资安排、年度投资预算和月度现金流量预算编制提供重要参照，支撑资金按日排程和实时监控，提升财务资源配置效率效益。

项目所有资金支出纳入各单位年度及月度现金流量预算管理，确保“无预算不支出、有预算不超支”。

严禁出现项目财务结算与现场实施两张皮现象，具备条件的项目，可通过检修计划推送生成项目 WBS 信息，项目负责人应严格在与检修计划匹配的 WBS 层创建项目结算订单。项目结算遵循“成本入账与实施进度相匹配、当年下达当年结算”的原则，对于确有必要跨年实施的项目，需经专业归口部门和财务部审核确认，分年度履行内部决策程序后下达。各单位要建立项目预算执行分析制度，动态监控项目预算执行进度，跟踪分析存在问题，及时提出解决措施。

各级财务部门应对合同的金额、支付条件、结算方式、发票开具方式、支付时间、工程进度等内容按审批流程、权限进行审核会签；同时，需加强项目预付款、进度款和质保金等费用的管理，项目款项的支付应依据相关合同等文件进行。

结合项目管理方式和合同签订情况细化项目成本管理，及时归集项目成本，真实、准确地反映工程建设支出。

各项费用要在控制范围内依法合规据实列支，严禁通过虚假业务等方式虚列工程成本。

各项费用使用部门，按“谁使用、谁负责”的原则，在相应项目批复范围内规范使用，原则上不得突破单项控制额度，如超过单项控制额度部分应履行审批手续，统筹安排。

二、项目资金支付管理

项目款项支付须以合同(协议)、发票、出入库料单、项目结算等为依据。财务部门应对项目资金支出的合规性、合理性及完整性进行审核。对确需支付至个人的费用需提供收款人身份证复印件、本人签名收据等资料。

项目预付款和项目进度款等按照合同约定执行。项目预付款比例原则上不低于合同金额(扣除暂列金额)的10%,不高于合同金额(扣除暂列金额)的30%。项目进度款根据确定的工程计量结果,承包人向发包人提出支付工程进度款申请,并按约定抵扣相应的预付款,进度款总额不低于已完合同价款的70%,不高于已合同价款的90%,剩余合同价款应在项目验收并完成结算审价和竣工资料整理后,以经确认的竣工结算报告为结算依据,扣除合同约定的项目质量保证金后按国家有关规定的期限(合同约定有期限的,从其约定)办理单项合同结算支付手续。

需提供预付款保函或保险单的,必须收到收款单位与项目预付款金额相等的预付款保函或保险单。

项目款项支出原则上禁止使用现金支付,设备质量保证期到期后,应由业务负责部门会同运行部门出具质量保证金返还意见书并据此办理质量保证金支付手续。推行银行保函制度,承包人可以银行保函替代预留保证金。

实施过程中的项目终止退出按照“谁下达计划,谁负责销项”的原则,由相应层级项目管理部门发起,履行审批程序后由财务部门调整预算。

项目支出原则上不得超出概算,确有必要的,需履行概算调整审批程序。对已完工但项目结算尚未完成的项目,由项目管理部门或单位负责限期组织完成项目结算编制和审核。

第二节　电力设备运检成本项目外包管理

项目外包管理应坚持问题导向、目标导向,坚决纠正项目实施管理中存在的违规分包、层层分包等突出问题,落实工作职责,明确业务范围,健全覆盖招标采购、现场实施、项目结算、监督评价各环节的闭环管理机制,全面规范项目承(分)包管理行为,确保项目管理依法合规。

项目外包应按照电力企业关于规范业务外包管理的指导意见(暂行)要求,在允许的范围内开展,负面清单业务禁止整项外包。

外包项目不得转包。外包服务商承担整个业务外包项目的,仅可进行一次专业分包或劳务分包;承担外包生产业务中的专业任务时,不得再进行专业分包,仅可进行一次劳务分包。

按照“管业务必须管安全”的原则,遵循“安全第一,预防为主”的方针,严格落实作业现场“四个管住”(管住计划、管住队伍、管住人员、管住现场)要求,做好项目外包安全管控。

为进一步规范电力设备运检成本项目分包管理,严控管理风险,保障安全质量,促进精准投资,依据国家有关法律法规及企业管理制度,提出如下意见。

一、严格开展服务招标采购

各单位要合理统筹施工、设计、监理等服务招标需求,按照地域、电压等级、专业类别等优化标包划分,深入开展服务商资质审查及能力核实,原则上在地市级公司辖区内应选择两家及以上服务商,加强服务商履约评价结果与市场份额联动,形成内外部服务商良性竞争机制。

合同(含框架协议)签订时,应同步签订项目承载力承诺书(见表5-1)(包含人员能力、可承接工程量、机械配置、工期安排、保障措施等),并明确违约责任。

二、严禁项目违规分包

除法律法规禁止分包以及承包合同明确约定不得分包的情形外，经项目管理单位同意，承包单位可将非主体工程交给具备相应资质条件和能力的第三方实施。项目单位不得直接指定分包单位，不得对依法依规实施的分包活动进行违法干预。

(一)严控主体业务分包

项目单位应加强合同履约管控，在合同中将项目主体、关键性工程予以明确，承包单位不得将以下主体业务再进行专业分包：

1. 变电(包括换流站、开关站)一二次设备电气部分的安装、调试及检修工作；
2. 配电台区(包括配电站房、开关站、环网柜)一二次设备电气部分的安装、调试及检修工作；
3. 输、配电架空线路的组塔、架线和附件安装；
4. 输、配电电缆线路的电缆安装(含敷设、连接)；
5. 单一开展电气设备红外测温、局放检测、仪器仪表校验等检测评估工作；
6. 单一开展无人机、直升机巡检工作；
7. 经发承包双方协商确定的其他主体工作。

(二)杜绝项目层层分包

承包单位要强化核心业务能力建设，承揽工程量应与自身承载力相匹配，合理控制分包比例，加强分包商管控，杜绝“以包代管”。要建立核心分包商名录，禁止将项目分包给个人以及不具备相应资质和安全生产许可的单位。

严禁将专业分包业务再进行专业分包，严禁将劳务分包业务再分包等层层分包行为，具体违规分包行为如下：

1. 将项目分包给个人；
2. 将项目分包给不具备相应资质和安全生产许可的单位；
3. 将合同范围内的主体、关键性工程施工进行分包；
4. 未按合同约定，又未经项目管理单位同意，将项目分包给其他单位；
5. 将承包专业工程中的非劳务作业部分再分包；
6. 劳务分包单位将其承包的劳务再分包；
7. 劳务分包单位除计取劳务作业费用外，还计取主要建筑材料款、周转材料款和大中型施工机械设备费用；
8. 将项目主体部分的勘察、设计工作进行分包；
9. 将监理服务进行分包；
10. 法律法规规定的其他违规分包行为。

三、严格项目分包审核

(一)明确分包审核流程

承包单位对所承揽业务进行分包前，应将分包的范围、内容、规模及金额，填报项目分包申请表模板(见表 5-2)，并报请项目单位书面同意，未取得同意的，不得分包。

(二)强化分包量价核查

承包单位承揽配电项目施工业务的，分包金额一般不得超过承包合同金额的 30%；承揽其他业务的，分包金额一般不得超过承包合同金额的 50%。项目分包金额应与分包工作量相匹配，承包单位不得强行压降分包费用。

(三)加强现场分包管控

项目管理单位、监理单位应强化分包管理日常督察、专项检查，严格落实现场人员准入核查，关键工序、隐蔽工程及其他危险性大的工作开展分包的，应做好全过程安全质量监督。发现承(分)包单位违规分包或分包不实的，应出具整改通知单，督促闭环整改。

四、分包审查重点

项目管理单位可通过合同约定、审查等方式认可承包单位分包事项，明确分包比例等具体要求，重点监督分包单位作业人员安全作业能力，特种作业、特殊工种人员取证情况。承包单位应根据已批准的分包计划组织开展分包单位选择，并对备选分包单位准入进行资质条件和施工能力审查，主要包括以下几方面：

(一)劳务分包商资质审查

1. 法人资格的营业执照；
2. 法定代表人证明书及法定代表人授权委托书；
3. 分包商近三年与分包内容相关业绩；
4. 近三年安全生产无事故和施工质量记录；
5. 作业班组人员名单；
6. 劳务作业人员(特种作业、特殊工种人员)取证情况。

(二)专业分包商资质审查

1. 法人资格的营业执照、专业施工资质证书、安全生产许可证；
2. 法定代表人证明书及法定代表人授权委托书；
3. 分包商近三年与分包内容相关业绩；
4. 近三年安全生产无事故和施工质量记录；
5. 确保施工安全和工程质量的施工技术人员(包括项目负责人、技术负责人、质量安全管理人员等)及特种作业人员取证情况；
6. 保证施工安全和质量的机械、工器具、计量器具、安全防护设施和用具配备情况；
7. 施工管理机构安全文明施工和质量管理制度及其人员配备情况。

五、强化分包履约监督评价

各单位应建立承(分)包商管理评价机制，完善安全、质量、进度、履约等评价标准，分包商评价结果全面纳入相应承包商评价范围，做到应评尽评。评价结果应用于合格供应商认定，其中评价不合格的，应纳入“黑名单”，并禁止其承担公司项目外包及分包工作。

承包单位因项目违规分包、未按分包备案要求如实开展分包、将项目主体进行专业分包等因素导致履约不良的，项目单位应暂停合同执行并督促其整改，未开展有效整改或拒不整改的，应解除合同。

分包单位因项目层层分包、分包合同执行不到位等因素导致履约不良的，项目单位应要求承包单位更换分包单位，对于导致工程安全质量问题的，应将分包单位从核心分包商名录中移除，并追究相应承包单位责任。

表5-1 项目承载力承诺书模板

项目承载力承诺书

××公司：

感谢您对本公司的信任与支持，本公司有幸成为××供电公司××年度××××××项目的承包单位，特此向您提交本公司项目承载力承诺书，详情如下：

一、施工能力承诺

本公司有丰富的施工经验和优秀的施工团队，并拥有相关资质和技术力量，能够保质保量地完成本次招标项目的全部施工任务。

二、承载力承诺

本公司对自身的施工能力充满自信，承诺保质保量地完成合同约定内的全部施工任务，并承担由此产生的风险和责任。若发生因施工质量而导致的重大问题或事故，本公司愿承担相应的法律责任，并积极协助招标单位进行后续事宜的处理与解决；若在施工过程中违反合同约定条例，本公司愿按照合同规定接受相应的违约处罚。本项目所使用的材料、设备、施工机具及安全工器具均符合相关法规、标准和规程的要求，并在质量和安全等方面有保证。本公司将对项目质量进行监督和监测，确保所有设备和材料符合上述要求。

三、承诺内容

1. 严格按照合同约定开展施工，确保施工安全和质量符合国家相关标准和规范要求。
2. 确保施工进度和质量不受影响，保证本次承包项目顺利完成。
3. 施工过程中提供充分的人力资源支持，确保机械配置齐全，有合格的资质和充分的承载力完成本项目。
4. 不在施工过程中违反国家相关法律法规，保障施工安全和环境保护。
5. 对施工中发生的违反合同约定条例的事项，本公司愿按照合同规定接受相应的违约处罚。
6. 对施工进度和质量出现的问题，本公司将积极采取补救措施，及时解决并将处置过程和结果上报发包单位。

以上为本公司的承诺内容，本公司将严格按照合同约定内容开展项目实施，保障施工安全和质量，确保按时按量完成施工任务。

特此承诺。

单位名称（盖章）：

法定代表人（签字）：

日期：________年________月________日

表 5-2　项目分包申请表

项目名称：　　　　　　　　　　　　编号：

<table>
<tr><td colspan="4">致监理(业主)项目部：
经考察，我方认为拟选择的(分包单位)具有承担下列工程的施工资质和施工能力，可以保证本工程项目按合同的规定进行施工。分包后，我方仍承担总包单位的全部责任。请予以审查和批准。
附件：1. 分包单位资质材料；
2. 分包单位业绩资料；
3. 拟分包合同、拟签订的安全协议；
4. 分包单位专职管理人员及特种作业人员资格证和上岗证。</td></tr>
<tr><td>分包项目名称(部位)</td><td>分包性质</td><td>工作量</td><td>拟分包项目合同额</td></tr>
<tr><td></td><td></td><td></td><td></td></tr>
<tr><td colspan="3">合计</td><td></td></tr>
<tr><td colspan="4">施工项目部(承包单位)(章)：
项目经理：
日期：</td></tr>
<tr><td colspan="4">监理项目部审查意见：
监理项目部(章)：
总监理工程师：
专业监理工程师：
日期：</td></tr>
<tr><td colspan="4">业主项目部(项目管理单位)审查意见：
业主项目部(章)：
项目经理：
日期：</td></tr>
</table>

六强化项目技经管理

(一)严格项目估算编制

项目管理单位应严格落实项目估算编制要求，确保项目造价合理。对于设备运维项目，应用生产成本精益管理成果，明确工程量与标准费用，必要时应提供单独的估算书。

(二)保障费用规范使用

承包单位应定期向项目管理单位报备支付分包商工程款的转账凭证、分包商支付分包作业人员工资的凭证等材料，保障资金支付及时准确。其中，劳务分包结算仅允许计取劳务作业费用，不得计取设备材料费、施工机械费、安全文明施工费等。

第三节　项目实施和验收管理

一、项目实施管理

运检成本项目施工管理应严格贯彻落实设备运维检修的相关规定要求，强化项目安全、质量、进度、费用的全过程管控，对重大项目实行全程跟踪督导。项目开工前需办理开工报告（见表 5－3），开工报告应包括项目基本信息、项目主要工作内容、项目开工条件/项目参建单位开工意见。

项目单位应加强施工单位管理，严格施工单位资质审查，将其安全管理纳入本单位安全生产管理体系统一管理，并按照公司合同管理规定，加强项目合同执行情况检查、监督和考核。

运检专项成本项目应加强全过程安全质量、进度、资料管控，实行施工单位和项目单位验收。项目竣工验收合格后应出具竣工验收报告，竣工验收报告应包括项目基本信息、问题及处理情况、项目验收意见。

二、项目验收管理

（一）关键环节验收

关键环节验收包括设备材料验收、隐蔽工程验收、交接试验验收等。

1. 设备材料验收

（1）设备到货后，由监理单位组织（未开展监理的，由项目单位组织），项目单位、施工单位等相关人员参加，按照相关技术标准、供货合同、设计图纸等要求，开展现场验收工作。主要包括外观检查、开箱验货、装箱单核对、设备参数核对、出厂试验报告审核等内容。

（2）设备验收时应对电子标签本体、编码规范性及录入技术参数的准确性进行同步验收。

（3）材料进场时，由监理单位组织（未开展监理的，由项目单位组织），项目单位、施工单位等相关人员参加，对材料的各项参数进行试验、检验。

2. 隐蔽工程验收

（1）隐蔽工程是指施工过程中上一工序的工作结果被下一工序所掩盖无法进行复查的部分。

（2）隐蔽工程验收由监理单位组织（未开展监理的，由项目单位组织），项目单位、施工单位相关人员参加，重要的隐蔽工程应组织设计单位参加。通过查验旁站记录、见证资料及留存的影像资料等，对施工工艺、质量进行检查，对工程量进行计量盘点。

（3）隐蔽工程验收合格后，方可进行隐蔽。隐蔽工程验收不合格的，施工单位整改后，经验收组织单位复核确认后方可隐蔽。

3. 交接试验验收

（1）交接试验验收由监理单位组织（未开展监理的，由项目单位组织），项目单位、施工单位相关人员参加。应按不同的专业要求，采用抽样验收、旁站见证、整组检查试验等方式开展，验收时应对所有的试验数据进行全面审核。

(2)对于验收不合格的试验，施工单位应分析原因并配合整改后，对该类设备重新进行试验，经验收组织单位复核确认。

(二)竣工验收

项目竣工验收应开展施工、监理和项目单位三级验收。

1. 施工单位自验收

项目施工结束后，施工单位编写项目竣工报告(见表5-4)并进行自验收，对实施劳务分包或专业分包的项目自验收由施工总承包单位组织，自验收内容包括施工质量检测、施工工艺检查、工程量计量盘点、退役物资拆除、项目文件收集整理等。施工单位对自验收发现的问题及时整改，自验收未通过的不得提请验收。

2. 监理验收

监理单位收到验收申请(见表5-5)后，通过查看资料、现场复核等方式对施工单位自验收的工程规模和质量及项目文件管理情况进行确认评价，对发现的问题出具项目整改通知单，并督导施工单位整改。监理验收通过后，施工单位向项目单位提交项目竣工验收申请表，申请项目单位验收。

3. 项目单位验收

项目单位接到验收申请，根据实际情况组织财务、安监、物资、调控、档案等相关部门参与，设计、施工、监理等单位参加。验收人员根据项目立项文件、合同和国家、行业及公司相关规定、标准、规程、反措要求等，通过审核施工单位、监理单位的验收结论，查看设计、施工、监理等单位形成的管控资料，对工程质量、施工工艺、项目规模、管理过程、退役物资拆除和项目文件管理进行综合确认评价，填写项目竣工验收报告(见表5-6)。

对于验收发现的问题，项目单位应出具整改通知单，明确整改内容、责任单位、监督复查单位及时间要求，整改后安排复检，确保零缺陷通过验收。项目通过验收后，由项目单位出具项目竣工验收报告。

对于非自行实施且未开展监理的项目，在施工单位自验合格后，由项目单位直接组织验收。自行实施的项目应加强施工过程管控，由项目单位组织施工班组、运维检修班组开展验收。

第四节 项目结算管理

一、项目结算定义

运检成本项目交付生产运行后，项目单位组织各方按照实施方案、实际工作量编制结算书，由项目单位审计部门对结算开展审计，项目管理部门组织经研院(所)对结算进行审批。

项目结算是指根据合同约定，依据项目资料进行工程量计算和核定，对项目合同价款进行计算、调整和确认的活动。生产技术改造项目结算范围包括建筑工程费、安装工程费、拆除工程费、设备购置费、其他费用，生产设备大修项目结算范围包括建筑修缮费、设备检修费、配件购置费、其他费用。

二、项目结算资料

(一)竣工结算审核要求

竣工结算审核所需的各种过程文件和成果资料应完整、规范，其内容必须真实、准确，与项目实际相符，包括但不限于以下内容：

1. 项目可研(报告或建议书)及其批复文件、经批准的项目计划、项目初步设计及其批复文件等；

2. 项目可研、设计、施工、监理、咨询、物资采购、工程管理等合同；

3. 招投标文件，包括招标澄清文件、投标报价及承诺书、中标文件等；

4. 经批准的施工组织方案，监理报告，竣工验收报告，项目竣工图、设计变更、现场签证、工程洽商和相关会议纪要；

5. 其他有关项目结算资料。

项目竣工验收投运后 15 日内，项目可研、设计、施工、监理等单位编制相应的项目竣工结算申请书并提交项目单位，物资管理部门将物资结算资料提交项目单位。

项目单位应严格按照合同价款约定，根据竣工验收报告和竣工图纸等资料，自行或者委托第三方对项目前期、设计、施工、监理、咨询、物资采购和工程管理等费用进行审核。经审批的设计变更(签证)涉及的相关费用纳入竣工结算。

(二)项目竣工结算报告组成

1. 报告封面，包括项目名称，项目编号，编制单位，编制人、审核人和批准人姓名，编制日期等；

2. 项目概况表(包括项目信息、工程概况及主要施工内容、工程进度及主要经济指标等)；

3. 施工结算汇总表；

4. 设备购置费用汇总表；

5. 其他费用结算汇总表；

6. 合同价款调整汇总表；

7. 其他说明文件。

项目竣工验收投运后 45 日内，项目单位确定各项费用的最终结算金额，汇总编制项目竣工结算报告并提交财务部门。

表 5-3　项目开工报告模板

项目开工报告

<table>
<tr><td rowspan="3">项目
基本
信息</td><td>项目名称：</td><td></td><td>监理单位</td><td></td></tr>
<tr><td>施工单位</td><td></td><td>设计单位</td><td></td></tr>
<tr><td>计划开工日期</td><td></td><td>计划竣工日期</td><td>年　　月　　日</td></tr>
<tr><td colspan="5">工程主要内容及设备：</td></tr>
<tr><td colspan="5">开工条件简述：(技术、物资、人员、资金等)</td></tr>
<tr><td colspan="5">________供电公司(工程管理部门)：
我单位承担____________________工程施工任务，已完成工程开工前的各项准备工作(施工组织设计、施工进度计划、施工概预算、设备材料、三措一案等)，已办妥各项手续。
该工程施工任务计划于________年________月________日开工，请审批。
工程负责人：　　　　　　施工单位负责人：
________年________月________日</td></tr>
<tr><td colspan="3">项目实施单位审查意见：
项目负责人：
单位负责人：
________年________月________日</td><td colspan="2">工程管理部门审查意见：
项目负责人：
部门负责人：
________年________月________日</td></tr>
</table>

表 5-4　项目竣工报告模板

项目竣工报告

<table>
<tr><td>项目名称</td><td colspan="3"></td></tr>
<tr><td>施工单位</td><td colspan="3"></td></tr>
<tr><td>工程批准文号</td><td></td><td>工程概(预)算</td><td></td></tr>
<tr><td>开工日期</td><td></td><td>计划竣工日期</td><td></td></tr>
<tr><td colspan="4">工程完成情况简述:(工作内容、工作量等)</td></tr>
<tr><td colspan="4">工程资料移交:
已移交</td></tr>
<tr><td colspan="4">________供电公司(工程管理部门):
我单位承担____________________技改(大修)工程施工任务,已于________年________月________日正式竣工,设备原始出厂资料、工程总结、施工结算、竣工图纸等工程竣工资料已上报,经自审、自检、自评,确认合格,请审验。
施工单位负责人:　　________年________月________日</td></tr>
<tr><td colspan="4">工程永久缺陷:
无</td></tr>
<tr><td colspan="4">项目实施单位审查意见:
单位负责人:　　________年________月________日</td></tr>
<tr><td colspan="4">工程管理部门审查意见:
项目负责人:
部门负责人:
________年________月________日</td></tr>
</table>

表 5-5　项目验收申请模板

项目验收申请

项目名称	
项目概况	
各级验收发现的问题及处理情况	
项目遗留问题及处理意见	
是否具备竣工验收条件	项目经理(施工负责人):(签字) 施工单位:(盖章) ________年________月________日

表 5-6　项目竣工验收报告模板

项目竣工验收报告

<table>
<tr><td>项目名称</td><td colspan="3"></td></tr>
<tr><td>批准文号</td><td></td><td>竣工日期</td><td></td></tr>
<tr><td>项目概况</td><td colspan="3"></td></tr>
<tr><td>施工中存在的问题及处理情况</td><td colspan="3"></td></tr>
<tr><td>监理单位发现的问题及整改情况</td><td colspan="3"></td></tr>
<tr><td>设计变更及有关反措落实情况</td><td colspan="3"></td></tr>
<tr><td>竣工验收发现的问题及处理情况</td><td colspan="3"></td></tr>
<tr><td>项目遗留的问题及处理意见</td><td colspan="3"></td></tr>
<tr><td>是否具备投产条件</td><td colspan="3"></td></tr>
<tr><td colspan="4">验收人员签字、单位盖章</td></tr>
<tr><td>施工单位(施工负责人):(盖章)
项目经理:
____年____月____日</td><td>设计单位:(盖章)
设　总:
____年____月____日</td><td colspan="2">监理单位:(盖章)
监理工程师:
____年____月____日</td></tr>
<tr><td>项目实施单位:(盖章)
项目实施负责人:
____年____月____日</td><td>运维护单位:(盖章)
负责人:
____年____月____日</td><td colspan="2">项目管理单位:(盖章)
项目管理负责人:
____年____月____日</td></tr>
</table>

第五节　电力设备运检成本项目拆旧管理

电力设备运检成本项目废旧物资包含报废物资和再利用物资。报废物资是指完成报废手续办理的固定资产、流动资产、低值易耗品及其他废弃物资等。再利用物资是指经技术鉴定为可使用的退出物资。

对于项目涉及的拆旧工作，应编制项目拟拆除设备材料清单（见表5－7），项目管理部门组织专业班组对拟拆除设备材料清单中的材料开展技术鉴定结论编制拟拆除设备评估鉴定表（见表5－8）。

项目单位根据审定的拆旧方案负责组织拆旧工作，对完成评估鉴定的材料填写报废物资移交单（见表5－9）并按照物资管理等有关规定对拆旧物资办理移交工作。

拆旧费在运检专项成本项目内列支，严禁以料代工。

表5－7　拟拆除设备材料清单模板

项目拟拆除设备材料清单

项目名称：

序号	设备材料名称	资产分类	专业管理系统设备编号	ERP资产编号	所属站线	电压等级	资产属性	生产厂家	型号/规格	应拆数量	计量单位	容量	出厂日期	投运日期	资产原值（万元）	处置方式	拟拆除时间
1																	
2																	
3																	
4																	

填写说明：

1. 设备材料名称：按照实际填写，必填。
2. 资产分类：参照固定资产目录中固定资产分类名称，资产级设备必填，非资产级设备可不填。
3. 专业管理系统设备编号：如PMS2.0系统中的设备编号，无设备编码可不填。
4. ERP资产编号：ERP系统中资产编号，资产级设备必填，非资产级设备可不填。
5. 所属站线：设备所属线路或变电站名称（须含电压等级），必填；如无所属站线，填写设备材料坐落地点。
6. 电压等级：填写设备的电压等级（kV），必填，如无电压等级，填写“其他”。
7. 资产属性：总部、分部、省公司（自治区、直辖市）、控股县（含全资子公司），必填。
8. 生产厂家：按照实际规范填写，如为设备，必填；如为材料，可不填。
9. 型号/规格：据实填写，必填。
10. 应拆数量：按照实际按照填写阿拉伯数字，必填。
11. 计量单位：按照实际规范填写，线路按km填写，必填。
12. 容量：具有容量参数的设备填写该数据项（MVA、MVar），如无，可不填。
13. 出厂日期、投运日期、拟拆除时间：按照年-月-日格式填写，如1980－3－20，必填。
14. 资产原值：按照ERP资产信息填写，如为资产级设备，必填；其他设备材料，可不填。
15. 处置方式：报废、再利用。再利用包括工程再利用、留作备品。

表 5－8　拟拆除设备评估鉴定表模板

拟拆除设备评估鉴定表

序号	项目名称	设备名称	资产分类	专业管理系统设备编号	ERP资产编号	所属站线	电压等级	资产属性	生产厂家	型号/规格	数量	计量单位	容量	出厂日期	投运日期	资产原值（万元）	运行情况	状态评价结果	评价内容	鉴定结论
鉴定专家签字	年　月　日																			
实物资产管理部门（盖章）	年　月　日																			

填写说明：

项目名称：由工程项目引起的退役，填写工程项目名称。

设备名称：按照实际填写，必填。

资产分类：参照固定资产目录中固定资产分类名称，资产级设备必填，非资产级设备可不填。

专业管理系统设备编号：如 PMS2.0 系统中的设备编号，有设备编号必填，无设备编码可不填。

ERP 资产编号：ERP 系统中资产编号，资产级设备必填，非资产级设备可不填。

所属站线：设备所属线路或变电站名称（须含电压等级），必填；如无所属站线，填写坐落地点。

电压等级：填写设备的电压等级（kV），必填；如无电压等级，填写“其他”。

资产属性：总部、分部、省公司（自治区、直辖市）、控股县（含全资子公司），必填。

生产厂家：按照实际规范填写，必填。

型号/规格：据实填写，必填。

应拆数量：按照实际按照填写阿拉伯数字，必填。

计量单位：按照实际规范填写，线路按 km 填写，必填。

容量：具有容量参数的设备填写该数据项（MVA、MVar），如无，可不填。

出厂日期、投运日期：按照年-月-日格式填写，如 1980－3－20，必填。

资产原值：按照 ERP 资产信息填写，必填。

运行情况：设备运行总体情况，包含缺陷记录、最近一次试验记录等反映设备运行状况的信息，必填。

状态评价结果：填写正常、注意、异常、严重，必填。

评价内容：依据相关技术标准、反事故措施等，从安全、效能等方面评价，必填。

鉴定结论：报废或再利用，必填。再利用包括工程再利用、留作备品。

表 5-9　报废物资移交单模板

报废物资移交单

移交单位：　　　　　　　　　　　　　　　　项目名称：

交接地点：　　　　　　　　　　　　　　　　交接时间：

序号	报废物资编码	报废物资描述	规格型号	资产编号	计量单位	应移交数量	实际移交数量	实物 ID 编码	完整情况	备注
1										
2										
说明：需附审批后的报废手续。										

移交人签字：　　　　　　　　　　　　　　接收人签字：

日期：　　　　　　　　　　　　　　　　　页码：

第六章　电力设备运检成本项目档案管理

第一节　电力设备运检成本项目档案管理基本原则

一、项目档案是指项目在项目前期管理、项目计划预算管理、项目实施管理、项目结(决)算管理等全过程中形成的应归档保存的文字、图表、声像等不同形式和纸质、光盘等不同载体的全部文件材料。

二、项目档案管理工作实行统一管理、分级负责,按照“谁主管、谁负责、谁形成、谁整理”的原则开展档案管理工作。

三、项目档案管理工作须纳入项目过程管理,与项目实施同步进行,按照“一项目一档案”归档。在签订项目设计、施工及监理等合同时,应设立相应条款,明确参建单位项目档案移交职责。

四、项目档案管理必须严格执行国家保密法律法规和公司保密工作相关规定。

第二节　电力设备运检成本项目档案管理职责与分工

一、办公室

办公室是项目档案业务归口管理部门,负责贯彻落实项目档案相关管理制度;负责本单位项目档案的监督、检查和指导工作;负责项目档案的接收、保管、统计和利用服务工作;组织开展档案编研和鉴定销毁工作;负责组织实施档案培训工作。

二、运检部

运检部负责组织审查项目建设过程中设计、施工、监理等参建单位归档文件材料的真实性、准确性、完整性;负责本单位项目文件材料的全过程管理,负责组织相关部门及项目管理单位完成档案归档工作。

三、财务部、审计部门

财务部、审计部门负责提供本单位项目所需的相关文件材料,配合项目管理部门完成项目档案移交工作。

四、物资管理部门

物资管理部门负责对招标采购文件材料收集、整理，配合项目管理部门完成项目档案移交工作。

五、其他专业部门

其他专业部门负责本专业项目文件材料的收集、整理归档工作，配合项目管理部门完成项目档案移交工作。

第三节　电力设备运检成本项目归档范围

项目档案归档范围包括项目前期管理、项目计划预算管理、项目实施管理、项目结(决)算管理等全过程文件材料，相应文件材料按照《生产运检成本项目档案管理归档范围目录表》(见表 6-1)进行分类归档。

第四节　电力设备运检成本项目归档整理要求

一、质量要求

(1)项目归档文件和案卷质量应符合《科学技术档案案卷构成的一般要求》(GB/T 11822—2008)。

(2)归档的项目文件材料应为原件、正本。凡本单位的发文、主送或抄送本单位的收文，都要求以原件归档；合同、协议及工程启动验收签证书等需双方或多方履行签字手续的文件，签字方均应以正本归档。

(3)归档的项目文件材料应齐全、规范，字迹清晰，图标整洁，照片画面清晰、完整，签字盖章手续完备，书写字迹应符合耐久性要求。

(4)设计变更、施工质量处理、缺陷处理报告等，应有全过程的详细记录(包括调查报告，分析、处理意见，处理结论及消缺记录，复检意见与结论等)。

(5)归档的电子文件应符合《电子文件归档与管理规范》(GB/T 18894—2002)及相关管理文件的要求。

(6)电子文件整理时应写明电子文件的载体类型、设备环境特征；归档的载体应是只读光盘、硬磁盘等，载体除光盘外应贴有标签，标签上应注明载体序号、档号、保管期限、密级、存入日期等。

表 6-1　电力设备项目档案管理归档范围目录表

电力设备项目档案管理归档范围目录表

序号	类目名称	归档范围		责任单位	保管期限	上报项目管理单位期限	备　注
		归档细目	主要项目文件				
1	项目前期管理						
		项目可研资料	1. 项目建议书	项目设计单位、项目管理单位	30 年		应急项目备案即可
2	项目计划预算管理						
		项目计划文件	1. 项目计划文件	项目管理单位	永久	计划下达后 1 个月内	
3	项目实施管理						
		非物资类招、投标文件	1. 中标通知书(＊)	物资管理单位	30 年/永久	合同签订后 1 个月内	1. 非物资类招标包含运维、检测、设计、施工、造价咨询、决算审核、技术服务； 2. 中标通知书、合同保管期限要求：限上项目为永久，限下项目为 30 年； 3. 应急项目可不履行招标手续
			2. 合同(＊)		30 年/永久		
		物资类招投标文件	1. 材料中标通知书	物资管理单位	30 年/永久	文件形成后 1 个月内	1. 当一份合同对应多个项目时，保存一份完整合同，其他只存索引文件(封面、规模、中标金额、盖章部分等)； 2. 材料中标通知书、供货合同保管期限要求：限上项目为永久，限下项目为 30 年
			2. 材料供货合同		30 年/永久		
			3. 技术协议		30 年		
			4. 进口材料报关文件		30 年		
			5. 进口材料商验文件		30 年		
			6. 缺陷处理、索赔文件		30 年		
			7. 物资招标中标信息汇总表(＊)		30 年		中标信息汇总表包含：项目名称、材料名称、单价、数量、金额、供应商名称等

（续表）

序号	类目名称	归档范围		责任单位	保管期限	上报项目管理单位期限	备　注
		归档细目	主要项目文件				
		开工准备管理	1. 施工方案（*）	施工单位	30 年	竣工后 1 个月内	运维项目只需运维方案，应急项目应根据项目性质做应急方案，手续可据实后补
			2. 开(复)工报告(*)		30 年		
		施工过程安全质量管理	1. 单位工程、分部、分项工程质量验评记录	施工单位	30 年	竣工后 1 个月内	1. 隐蔽工程和重要施工安装工艺必须保存相应照片和影像资料的电子文件； 2. 工程协调会议纪要无监理单位时由施工单位进行归档； 3. 运维项目需提供有足够支撑的实施过程资料； 4. 应急项目可根据具体情况留存过程实施记录，不提供标 * 档案记录
			2. 隐蔽工程验收记录(*)		30 年		
			3. 施工安装记录(*)		30 年		
			4. 调试试验报告(*)		30 年		
			5. 工程协调会议纪要		30 年		
			6. 沙石水泥钢筋等原材料材质及复试报告、报审表、跟踪记录		30 年		
			7. 交接试验抽样检查记录	项目管理单位	30 年		
		物资验收及领用管理	1. 设备材料到货交验单/物资交接验收单(*)	施工单位	30 年	竣工后 1 个月内	
			2. 合格证(*)		30 年		
			3. 出厂试验报告(*)		30 年		

（续表）

序号	类目名称	归档范围		责任单位	保管期限	上报项目管理单位期限	备　注
		归档细目	主要项目文件				
		合同变更	1. 合同变更文件(*)	项目管理单位	30 年	文件形成后1个月内	应急项目可无合同
		竣工验收	1. 竣工验收报告(*)	项目管理单位/设计单位	30 年	竣工后1个月内	
			2. 竣工图		30 年		
4	项目结算管理						
		退役资产管理	1. 材料移交单(*)	项目管理单位	永久	物资回收后1个月内	运维项目、应急项目可根据情况提供
		工程结算	1. 工程结算书(*)	项目管理单位	永久	结算完成后1个月内	
			2. 竣工结算审核报告		永久		
5	其他						
		其他资料	1. 重要的往来文件	项目管理单位	永久	文件形成后1个月内	包括：请示、简报、往来函、会议纪要、重要通知、项目备案单、工作联系单等
			2. 一般的往来文件	项目管理单位	10 年		
			3. 重要技术文件	相关单位	30 年		

备注：

1. 上表中“主要项目文件”一栏带“*”号表示当项目文件发生时必须归档，不发生可以不归档，不带“*”号表示各单位根据管理要求自行确定是否归档，并可根据项目建设实际予以扩大归档范围。

2. 卷内项目文卷保管期限不同时，以最长保管期限为主。

二、整理组卷要求

(1)项目管理单位、各项目实施单位等应按照职责分工，结合项目进展和实际发生的先后顺序及时收集有关项目文件材料，并按档案管理的要求进行整理。

(2)项目形成的纸质和电子归档文件材料应严格按照公司档案管理规定格式进行组卷，制作相应纸质案卷封面、卷内目录以及卷内备考表，并如实填写规定事项、内容。

三、档案验收及移交

1. 项目档案执行两级验收，包括项目管理单位自验收和档案管理单位验收。项目档案组卷完成后，项目管理单位组织对项目文件材料进行自验收并整改完善，确保档案真实、准确和完整。自验收完成后，项目管理单位提出验收申请，由各级运检部门会同档案管理部门组织开展档案验收工作，档案质量应符合公司有关档案规范要求。

2. 项目文件材料通过验收后，由各级运检部门组织项目管理单位向档案管理部门移交，并履行签字确认手续。

3. 项目管理单位应在项目竣工投运后 1 个月内完成归档移交工作。

第七章　电力设备运检成本项目闭环管理

第一节　电力设备运检成本项目后评价管理

一、电网企业运检成本项目后评价管理规定

(一)电力设备运检成本项目后评价定义

电力设备运检成本项目后评价工作是指在生产方向成本项目(含 35kV 及以上变电检修运维、35kV 及以上输电线路检修运维、10kV 及以下配电运检、调度通信检修运维、调度自动化检修运维、调度继电保护检修运维、生产信息系统运维、调度信息系统运维、生产性房屋维修、生产性房产附属构造物维修、生产综合管理)竣工投运一定时间后,对项目实施管理、运营效果及预算执行等进行全面、系统、客观的分析和评价,全面总结经验,提高投资决策和项目管理水平。

(二)电力设备运检成本项目后评价工作原则

电力设备运检成本项目后评价主要从项目实施管理、运营效果和预算执行等方面开展评价,重点聚焦项目实施内容与结算工作量是否一致,项目实施后是否达到预期成效等方面。省市公司应分别组建专家库,采用“省级+地市”两级评价模式,省公司财务部协同相关部门,以“后评价+后评审、后评价+巡视巡察、后评价+专业检查”等相结合的方式开展项目后评价,市公司或直属单位应每年常态化开展本地区项目后评价。项目后评价工作应坚持独立、公正、科学、及时的原则。

(三)电力设备运检成本项目后评价项目筛选原则

1. 重点工作实施项目,其中金额超过 100 万元、项目内容与初始设计发生重大变更的项目必须进行后评价;

2. 项目具有一定的示范性,或对其他项目具有借鉴和指导作用的项目;

3. 项目引发的社会效益或社会影响较大;

4. 项目选取包括但不限于近 3 至 5 年项目,公司财务部将建立成本项目后评价库,对已完成后评价项目进行标记。

项目后评价信息对外披露应严格执行公司的有关规定,对于涉及经营管理重要信息的评价内容,未经公司审批不得对外公布。

各级单位根据工程档案管理制度,将项目后评价有关文件及后评价报告及时归档。

二、职责分工

(一)财务部

财务部是生产方向成本项目后评价工作牵头组织部门,主要职责如下:

1. 贯彻落实公司项目后评价管理相关规定。

2. 负责按公司下发的后评价项目清单，配合公司后评价工作，协调业务部门及时完整提供项目资料。

3. 组织专家工作组开展本地区项目后评价工作，督促业务部门整改提升，应用评价结果优化项目管理流程。

4. 组织审核本地区项目后评价报告，上报公司后评价工作组审核确认后，发布项目后评价成果信息。

(二)公司业务部门

1. 公司设备部、调控中心负责对下级单位运检部、调控中心成本项目后评价工作进行对口督察和指导。

2. 公司设备部、电力调度控制中心针对整改意见，指导下级单位落实整改。

3. 其他相关业务部门负责配合公司财务部，参与组建生产方向项目后评价工作组。

(三)公司后评价工作组

1. 根据项目抽取原则，选取部分具有代表性的项目作为评价对象，形成本地区后评价项目清单。

2. 负责定期报告后评价工作开展情况。

3. 负责编制成本项目后评价报告。

(四)业务部门

各单位运检部、调控中心等业务部门负责配合开展后评价相关工作，并落实后评价整改要求等。

三、评价内容

根据项目内容和特点，项目后评价形式分为单一项目评价、同类项目评价。项目后评价内容包括项目实施管理评价、运营效果评价和预算执行评价等。

项目实施管理评价要求如下：

(一)项目前期工作评价

根据公司的相关规定，评价项目可行性研究报告(项目建议书)质量，包括项目立项的必要性、可行性，财务经济性和合规性，项目评审的规范性等。立项是否立足于公司安全生产、优质服务及经营管理等实际需要；是否组织本单位相关部门对项目进行论证，是否履行项目可研、评审、批复等必要环节，是否存在流于形式的情况；是否建立项目成本测算的工作机制，项目取费是否存在合理依据，是否应用标准成本、检修定额或者市场定价标准；是否存在负面清单业务外包；是否存在资本性支出费用化等。

(二)项目过程评价

1. 评价合同内容合规性

评价项目是否严格按照中标通知书签订合同，双方义务责任是否明确，合同是否对物资、服务的履约质量等提出明确要求。

2. 评价项目结算管理规范性

评价项目实际施工进度是否与计划一致，是否按计划工期完成；项目验收手续是否完备,资料是否真实完整,项目完工工作量与实际是否一致、结算标准是否依据中标单价;施工费入账是否与审定金额一致,物资领用是否账实相符,是否完成既定工程量;是否通过变更签证、合同以外的内容或者补充协议的形式,脱离标准成本或者合同约定,增加不合理支出;完工后有无履行审核或者审计程序。结算审计是否规范、准确;评价项目进度控制水平等;工程款支出是否依法合规,是否存在民企清欠风险等。

(三)项目完成情况评价

1. 评价目标完成情况

结合项目立项储备,分析评价是否达到预期目标,选择可量化的指标,实施结果是否完成项目预期目标,有无变更的情况,变更是否合理。

2. 评价项目安全性

论述项目实施全过程是否发生设备损坏、导致人身伤亡、火灾系统事故等,评价项目竣工投运是否对消除安全风险具有积极作用,并结合相关安全指标变化进行深入评价。

(四)项目运营效果评价

对项目运营效能评价,重点关注项目实施完毕后是否达到预期效果,评价项目运行后对提高供电可靠性、降低设备故障率及跳闸率、降低客户投诉率等业务指标提升方面的效果。对于维持型项目(如常态运维类项目)评价成本投入后设备运行状态是否与立项阶段预期一致,对于提升型项目(如治理检修轮换类项目)评价,评价项目最终业务指标提升的目标是否实现。

对项目运行效益评价,此为附加评分项,主要关注项目投入产出情况,并在全省范围内进行横向比较。

1. 项目预算偏差率评价

主要包括评价项目实际完成金额与项目储备初始预算金额的偏差,分析原因,总结经验;评价项目预算结余是否及时履行预算调整手续等。

2. 预算执行均衡性评价

主要包括评价项目开工、完工时间与项目成本入账进度是否匹配,项目是否按时序进度高效推进。

3. 同类项目预算变化评价

主要包括评价近三年项目安排情况,是否存在重复频繁立项,若为常规运维项目,重点评价其预算金额近年变化情况,判断预算金额是否出现连年增长。

四、评价流程

(一)实施准备

各单位财务部遵循项目关联方回避原则从专家库中抽取工作组成员,成立后评价工作组。生产方向成本项目每单位抽取比例不少于10%(不少于20个),且每项细分类别下项目至少选取1个进行后评价,其中公司专项重点工作安排项目应全部进行后评价。

(二)资料收集

项目实施完工后,业务主管部门做好项目后评价相关资料的收集工作,整理归档,如可行性研究报告(项目建议书)、现场验收资料、结算审计资料等,收集完成后提交后评价工作组。

(三)项目评价

后评价工作组根据项目目标数据来源,对业务主管部门提供的资料进行验证核查,同时进行现场核查,检查项目实施前后成效,将后评价评分结果及依据填报在《生产方向成本项目后评价标准评分表》中,后评价人员及组长签字确认。

(四)编制报告

各单位工作小组根据相关资料及生产相关指标完成情况,开展项目后评价相关工作,并编制各单位后评价报告,提交财务部。

(五)审核评价

市公司(直属单位)财务部组织审核本地区后评价工作报告,并上报公司后评价工作组。公司后评价工作组审核各单位上报的后评价报告,评价各单位后评价工作开展情况。

(六)整改闭环

各单位运检部、调控中心根据后评价建议,进行整改落实,上报整改材料,公司设备部、调控中心负责监督指导。

评价项目筛选原则如下:

1. 重点工作实施项目,其中金额超过100万元、项目内容与初始设计发生重大变更的项目必须进行后评价;

2. 项目具有一定的示范性,或对其他项目具有借鉴和指导作用;

3. 项目引发的社会效益或社会影响较大;

4. 项目选取包括但不限于近3至5年项目,公司财务部将建立成本项目后评价库,对已完成后评价项目进行标记。

5. 项目后评价信息对外披露应严格执行公司的有关规定,对于涉及经营管理重要信息的评价内容,未经公司审批不得对外公布。

各级单位根据工程档案管理制度,将项目后评价有关文件及后评价报告及时归档。

五、评价方法

评价方法要求如下:生产方向项目后评价方法主要包括逻辑框架法、对比法及实地调查法等。

(一)逻辑框架法

通过投入、产出、直接目的和宏观目标四个层面对项目进行分析和总结,找出问题产生的原因,总结经验教训,指导下一步的规划及项目管理。

(二)对比法

根据项目实际情况,对照项目立项时所确定的目标,找出偏差和变化,分析原因,得出结论和经验教训。成本项目后评价对比法包括纵向对比和横向对比。

1. 纵向对比法

纵向对比法主要包括前后对比法和历史对比法。前后对比法是项目实施前后相关指标的对比,用以直接估量项目实施成效。历史对比法是同类项目的历史期与当前期进行比较。

2. 横向对比法

横向对比法是基于全市项目数据公开可用的前提下,同类项目相关情况的对比,用以评价项目的成本效益比。

3. 标准对比法

标准对比法是指项目实施成本与电网公司标准成本的对比，用于评价项目的可研经济性。

(三)实地调查法

通过对施工现场的实地调研，评价项目实施完成度，核查项目实际业务量。

六、成果应用

(一)评分结果分档规则

根据后评价评分情况，将评价结果分为四档，其中 A 档为 90 分及以上，B 档为 80 分及以上、90 分以下，C 档为 60 分及以上、80 分以下，D 档为 60 分(不含)以下。

(二)评价结果反馈要求

后评价工作结束后，按项目层级划分，将评价结果反馈至各单位财务部门、项目批复部门、主管业务部门、物资采购部门(单位)、项目承担部门(单位)等。

(三)评价结果应用

各单位应将项目后评价成果，作为次年项目立项、储备、批复以及预算安排等各环节管控的重要参考，为精准投入决策提供支撑；各单位要建立后评价考核机制，根据后评价结果，督促责任部门和项目负责人及时做好问题整改，并作为低效无效投资责任追究的重要依据，纳入组织绩效考核评价，实现成本项目管理闭环。

1. 进一步压实供应商(承建厂商)责任，主管业务部门、项目承担单位督促供应商(承建厂商)针对存在的问题制定整改措施，定期反馈整改结果；对于普遍评分较低的供应商(承建厂商)，进行准入限制。

2. 构建项目后评价成果库，对所有完成后评价的项目进行入库管理和整改跟踪，共享后评价成果，充分发挥项目后评价作用，完善公司的相关制度标准，提高效率效益和投入产出水平。

3. 后评价成果供各单位、各部门在后续项目的立项、储备、批复、预算安排等环节参考，为成本精准投入提供决策支撑。

第二节　供应商履约评价

一、评价原则

规范电力设备运检成本项目设计、施工、监理服务商评价管理，建立服务商履约评价评分标准和考核机制，按照“谁使用、谁评价”的原则开展服务商全过程履约评价。

(一)服务商评价原则上以年度为周期，落实“一项目一评价”要求，可根据项目类别分专业开展。

（二）服务商评价应综合考虑安全、质量、进度、现场、资料、人员管理等方面因素，客观评价服务商队伍管理及施工管控情况，评价结果与费用结算进行挂钩，并纳入服务商资信评价。

（三）各单位应切实做好外包服务商履约评价结果应用，将安全资信高、质量管控好、履约能力强的服务商逐步培养成核心外包服务商，持续提升公司外包项目全过程管理水平。

二、评价对象

评价对象包含履约评价对象为承揽公司生产大修、B 类、C 类生产成本项目设计、施工和监理服务类供应商。

三、评价内容

针对项目设计、施工和监理服务类供应商，分别从综合管理能力、安全管理、质量管理、进度管理、造价管理、档案管理等六个方面进行综合评价（见表 7－1），并按照服务电压等级分类评价得分。

表 7－1　电力设备运检成本项目施工服务类供应商评价标准

电力设备运检成本项目施工服务类供应商评价标准

评价项目	总分	评价要点	单项得分	评分标准
一、业务资质综合能力	30	服务商资质	5	施工服务类供应商应具有与电力施工业务相适应的资质，证照的企业法人必须相互一致，且在有效期内，上述资料不满足要求，扣 5 分
		人员配置	10	施工服务类供应商管理技术人员实际配置不满足资质要求及实际工作需求的，扣 4 分
				施工服务类供应商人员调整未办理变更手续，人员资质不满足任职条件，发现 1 次扣 2 分
				施工人员未经安全、应急教育培训或考试不合格，发现 1 人扣 2 分
		资源配置	15	未建立健全规范的管理制度和安全管理组织机构，未配置满足实际需求的主要技术装备、安全工器具、施工机具、交通工具等。发现 1 项扣 2 分
				未规范开展安全工器具、施工机具等的台账建立，进出库、试验、检查等的记录，发现 1 次扣 2 分
				未落实安全管理、教育培训、应急演练等业主制度要求，发现 1 次扣 2 分

（续表）

评价项目	总分	评价要点	单项得分	评分标准
二、安全管理	30	准入管理	5	人员准入考试不合格，发现1次扣2分
				现场作业人员无证上岗、人证不相符、证件过期，辅助工超范围作业，准入考试不合格，发现1次扣1分
				施工人员人身意外伤害险不满足要求，发现1次扣1分
				施工期间变更现场作业人员且未报备，发现1人扣1分
		风险管控	5	未进行有效现场勘察，未填写现场勘察单，扣5分
				作业计划未开展风险等级辨识或辨识错误，发现1次扣2分
				到岗到位管控缺失或问题闭环整改不及时，发现1次扣2分
		现场安全管理	5	未在作业现场严格执行相应的安全文明措施，发现1次扣1分； 发现施工责任属实投诉或负面舆情，扣2分。 发现违章视情节严重扣5分，直至扣完安全管理25分；违章考核未按期完成整改，发现1次扣1分
		施工计划	10	发现施工作业无计划施工或超计划随意扩大工作范围，发现1次扣10分
				未对施工班组成员开展安全技术交底，安全措施、危险点分析不到位，发现1次扣5分
				“三措一案”编制不完善或不符合现场实际，发现1次扣1分
				未按规定执行施工作业票、工作票，发现1次扣5分；执行不规范，发现1次扣1分
		分包管理	5	未按规定履行施工分包备案或审批手续，扣2分
				未及时、规范签订分包合同和安全协议，扣2分
				劳务分包内容超出劳务作业范围，发现1次扣1分
三、质量管理	20	施工工艺	10	未执图施工、未按图施工（包含施工图、设计变更图），发现1次扣1分
				在竣工前发现质量缺陷的，发现1次扣2分
				隐蔽工程未提前48小时通知监理人员，发现1次扣1分
				未在现场监理员在场情况下实施关键工序，发现1次扣1分
				未按要求开展隐蔽工程签证，发现1次扣1分
				未按要求开展工程自检，扣1分
		工程验收	10	未及时开展工程报验，扣3分；报验资料不规范、不完整，发现1次扣1分
				工程存在重大质量问题或无法通过竣工验收的，扣8分；对施工存在的质量问题，未及时整改并反馈，发现1次扣1分

（续表）

评价项目	总分	评价要点	单项得分	评分标准
四、进度管理	5	施工进度管理	5	未按要求报施工计划和开工审批，未配合业主办理开工审批手续，扣3分
				因施工单位原因造成停电计划改期、取消、延迟送电，发现1次扣3分
				因施工责任未按项目进度节点完成工程施工，扣1分
				因施工单位原因，物资未及时接收的，发现1次扣1分
五、造价管理	5	结算报审	5	结算书编制报审不及时或未按审计意见及时完成整改，扣2分
				结算书编制不完整、不规范或定额套用、费率计取不正确，发现1处扣1分
六、档案管理	10	档案规范性	5	因施工单位自身原因，未及时完成施工资料的收集、整理、移交，扣5分
				移交的施工资料不规范、不完整，发现1次扣1分
				未按要求使用相关管理系统及移动APP等，扣3分
		信息管理	5	未按要求规范使用相关管理系统及移动APP等，上传数据不及时、不真实、不准确，发现1次扣1分

四、评价方式

（一）评价算法

服务类供应商履约评价按照电力设备运检成本项目施工服务类供应商评价标准进行打分，得分采用百分制，满分100分，单项累计扣分上限不超过单项总分（安全管理除外）。

其中：各供应商综合管理能力（30分）、否决项条款（直接认定为0分）、直接减分项（每项扣1～5分，可追溯评价近五年项目）按照“一单位一评价”方式，并根据服务电压等级分类，每年度评价一次；各供应商项目实施评价得分（70分，含安全、质量、进度、造价、档案等内容）按照“一项目一评价”方式，以项目及电压等级为单元，对已竣工项目在竣工验收时同步开展履约评价，并定期开展整体综合评价，取各项目平均分作为其评定结果。评价周期内未出现任一否决条款的，供应商履约评价得分按照综合能力评价得分、项目实施评价得分和直接减分计算，采用如下计算公式：

供应商履约评价最终得分＝供应商在该公司综合能力评价得分＋项目实施评价得分－供应商所有直接减分项

根据服务类供应商履约评价最终得分结果，按A、B、C、D四个等级进行划分：

A级——90分及以上；

B级——80～90分之间，含80分；

C级——60～80分之间，含60分；

D级——60分以下。

(二)评价维度

1. 县公司评价

各县公司根据评价标准，结合运检成本类项目日常管理工作及进度安排，对所辖范围内服务类供应商履约情况开展评价。计算方法如下：

(1)供应商综合能力得分＝根据服务电压等级分类评价得分(0～30分)。

(2)供应商在该公司项目实施评价得分＝$\sum$该服务电压等级下项目实施评价得分/该供应商在该公司参评项目总数(0～70分)。

(3)供应商在该公司履约评价最终得分＝供应商在该公司综合能力评价得分＋供应商在该公司项目实施评价得分－供应商所有减分项。

供应商履约评价最终得分按不同电压等级分别计算。市公司应组织开展现场核查，并将现场核查情况纳入供应商履约评价最终得分。

2. 地市公司评价

市公司项目的供应商在市公司履约评价最终得分同县公司评价计算方式一致。

地市公司将市县公司评价结果汇总后上报省公司。跨市县公司的供应商综合能力评价、项目实施评价计算方法如下：

(1)跨市县(区)供应商在地市公司综合能力评价得分＝$\sum$该供应商在市、县公司综合能力评价得分/项目具体实施单位数量。

(2)跨市县(区)供应商在地市公司工程实施评价得分＝$\sum$该供应商在市、县公司项目实施评价得分/项目具体实施单位数量(不同电压等级分别单独计算)。

(3)供应商在市公司履约评价最终得分＝供应商在该公司综合能力评价得分＋供应商在该公司项目实施评价得分－供应商所有直接减分项(不同电压等级分别单独计算)。

3. 省直属单位评价

省直属单位根据评价标准，结合运检成本项目日常管理工作及进度安排，对所辖范围内服务类供应商履约情况开展评价。计算方法如下：

(1)供应商综合能力得分＝根据服务电压等级分类评价得分。

(2)某供应商在省直属单位项目实施评价得分＝$\sum$项目实施评价得分/该供应商在同电压等级下省直属单位参评项目总数。

(3)供应商在省直属单位履约评价最终得分＝供应商在省直属单位综合能力评价得分＋供应商在省直属单位项目实施评价得分－供应商所有直接减分项。

4. 省公司评价

省公司设备部收集省直属单位、地市公司否决项条款、综合能力评价、项目实施质量评价、加减分项评价结果，组织开展核查，并将核查情况纳入供应商履约评价结果，汇总供应商履约评价最终得分，划分评价等级，完成年度履约评价工作。针对省直属单位、跨地市公司的供应商，综合能力评价、项目实施评价照简单算术平均值计算，计算方法如下：

(1) 跨地市供应商在省公司综合能力评价得分 $= \sum$(该供应商在地市公司综合能力评价得分＋该供应商在省直属单位综合能力评价得分)/同省公司下对该供应商有评价数据的地市公司及省直属单位总数。

(2) 跨地市供应商在省公司项目实施评价得分 $= \sum$(该供应商在地市公司工程实施评价得分＋该供应商在省直属单位项目实施评价得分)/省公司对该供应商有评价数据的地市公司及省直属单位总数。

(3)供应商履约评价最终得分＝供应商在省公司综合能力评价得分＋供应商在省公司工程实施评价得分－供应商所有直接减分项。

服务类供应商履约评价结果录入服务类供应商履约评价结果库。

五、评价结果应用

各单位应加强评价结果的应用，评定发布的服务类供应商履约评价结果，作为全省范围内后续框架协议服务商采购履约评价，以及运检成本项目采购、框架协议匹配的重要参考依据。要将安全资信高、质量管控好、履约能力强的服务商，逐步培养打造成核心外包队伍，持续提升公司外包项目全过程管理水平，确保履约评价结果与服务采购形成闭环联动。

(一)应用原则

在一个评价周期内，评价为 A、B 级的服务类供应商，在下个周期服务类供应商采购中给予适当加分；评价为 D 级的服务类供应商，按照招标文件及相关规定处理。

(二)新进供应商应用方式

无评价数据的省内新进服务类供应商，在后续服务评标过程中，原则上参照 B 级评价结果应用。

(三)不良供应商行为处理

评价周期内出现任一否决项条款(见表 7－2)或者依据成本项目设计、施工、监理服务类供应商履约评价直接减分项条款(见表 7－3)得分为 0 分的，将结果反馈安监部门和物资部门进行后续处理。其中，否决项条款和直接减分项条款单独设立

表 7－2　成本项目设计、施工、监理服务类供应商履约评价否决项条款

成本项目设计、施工、监理服务类供应商履约评价否决项条款

评价项目	评价要点	否决项条款	评价方式
发生以下情况之一否决项的，本周期直接认定为 0 分。	企业失信	被省、市政府单位认定为黑名单或失信企业；因违反相关规定，被省、市公司列入“黑名单”的	资料检查
	安全事故	因供应商原因导致安全事件或六级及以上质量事件，其他对公司造成严重不良影响的安全事件的	资料检查、现场检查

（续表）

评价项目	评价要点	否决项条款	评价方式
发生以下情况之一否决项的，本周期直接认定为0分。	经营合规	发生违法转包或违规分包的	资料检查、现场检查
	廉洁从业	借工程建设向用户乱收费、乱摊派、吃拿卡要；发生与承揽工程相关的廉政违法违纪情形，被通报或处理的	资料检查、现场检查
	负面事件	发生拖欠农民工工资、群体性信访等其他给公司造成负面影响的事件	资料检查、现场检查
	合同履约	因供应商原因导致合同终止，且严重影响工程建设进度或电网安全运行的	资料检查、现场检查

表7-3　成本项目设计、施工、监理服务类供应商履约评价直接减分项条款

成本项目设计、施工、监理服务类供应商履约评价直接减分项条款

评价项目	评价要点	评分标准	评价方式	备注
直接减分项	缺陷整改	质保期内，发生缺陷不配合整改的，扣2～5分	系统取数、资料检查	
	一般缺陷	追溯期内，因服务类供应商原因，引起投运后设备一般缺陷(对设备和人身安全威胁不大，可借设备停电检修时再进行处理的缺陷)，扣1分	系统取数、资料检查	
	严重缺陷	追溯期内，因服务类供应商原因，引起投运后设备严重缺陷(对设备和人身有一定的威胁，设备可以带病运行，并可以采取防止人身事故的临时措施，但必须列入近期停电计划来消除的缺陷)，扣2分	系统取数、资料检查	
	危急缺陷	追溯期内，因服务类供应商原因，引起投运后设备危急缺陷(指设备的缺陷直接威胁设备和人身安全，随时都有发生事故的可能，需要立即处理的缺陷)，扣5分	系统取数、资料检查	
	引发故障但未构成电网质量事件	追溯期内，因服务类供应商原因，引起投运后设备故障但未构成六级及以上电网质量事件，扣1～5分	系统取数、资料检查	

六、强化供应商运行绩效评价

(一)健全供应商运行绩效评价体系

强化运检、物资与建设环节设备质量事件分析、统计与报送，推进设备管理各环节信息贯通共享，加大供应商评价成果在招标中的应用。做好缺陷、非停、故障等质量事件的梳理把关，深化两级审核模式，依托全过程技术监督，拓展跨部门、全专业设备数据，推进输变直配各专业、全类型运检设备装备的缺陷、质量事件智能化识别，明确缺陷分类以及质量事件分级，紧抓家族缺陷治理情况跟踪闭环，会同设备部做好审核把关工作，持续促进招好选好设备有依可循。

（二）推进供应商评价数字化建设

深挖设备质量问题关键点和薄弱点，加快推进设备管理各环节信息贯通共享，健全供应商运行绩效评价体系。常态开展设备基础数据治理，优化威尔逊分布评价算法，提升评价科学性。实时采集设备运行信息，动态开展自动评价，避免人工干预。构建“定期＋动态”的模式，开展全量运检设备装备状态评估，加强评价结果在物资采购环节的应用，设备及装备采购前主动推送评价结果。

（三）深化供应商评价大数据分析

依托技术监督平台，持续优化大数据分析，综合考虑设备质量缺陷、非停、故障等质量信息，做实设备供应商运检环节绩效评价，提升评价准确度。依托大数据分析技术削弱评价体系评价指标单一、无法通过较少的供应商样本得出准确的供应商绩效评价结果、装用量较少供应商绩效评价结果不准确等评价短板。融合供应商信息、历史评价数据、质量事件信息等关键数据信息，开展供应商归类与链接，提高供应商基础信息合并准确性，提出基于设备多特征属性的分析指标，为招投标采购提供科学的参考依据。

第八章　电力设备运检成本应急项目

第一节　应急项目管理

一、应急项目审批

针对突发自然灾害(洪涝、风暴、霜冻、地震等)或恶劣天气(台风、暴雨雪、持续高温等)导致设备受损复电抢修、各专业设备故障应急抢修、危急缺陷等突发事件需紧急实施的项目,各单位可发起应急项目需求申请,经相关管理部门出具签章认定的应急项目备案审批单(见表 8-1)后,报公司对口管理部门审批备案,经省公司审核同意后纳入应急项目管理实施。应急项目应以相关管理部门出具的签章材料作为依据。

表 8-1　电力设备运检成本应急项目备案审批单

项目实施单位		
申报备案时间		
联系人及号码		
应急项目名称		
应急实施类型	_x000C_抢险救灾应急实施()	突发事故应急实施()
应急项目备案原因		
项目实施单位意见: 负责人签字 (公章)		
项目主管部门意见: 负责人签字 (公章)		
应急管理部门/安全管理部门意见: 负责人签字 (公章)		

二、应急项目储备

电力企业应急项目可先行实施后报上级备案，完成可研后按照管理权限纳入公司年度计划和预算调整。应急项目需根据现场抢修情况据实储备和结算。项目固化前，项目需求提报部门需将可研报告（项目建议书）、评审意见、可研批复、内部决策文件等资料上传项目储备库，确保资料的真实性、完整性，经逐级审核后完成项目固化。

三、应急项目物资供应

电力企业应急项目物资优先使用库存储备和调拨物资，服务采购优先采用框架协议。物资和服务无法满足要求的，可按照物资部门相关规定，采用授权采购或增加采购批次的方式开展。

第二节　应急项目物资保障方案

当需求单位提出应急需求或紧急需求时，物资部门应按照“效率优先”原则，综合考虑实物调配、协议匹配、订单调配、应急采购时效性和经济性，制订物资保障方案，开展物资保障工作。在时效相同情况下，按照“先实物、再协议、后订单”顺序，统一调配物资。调配物资无法满足需求时，可组织应急采购或紧急采购。

一、实物资源调配

（一）市域内实物资源调配

在收到应急需求或紧急需求时，应首先盘点本公司实物资源，满足需求时，可直接办理出库领用手续，随到随领。对本公司实物资源无法满足需求时，应由市公司物资部统筹全市实物资源，组织市内调拨，履行库存调拨手续。市域内调拨可在 1 小时内出具调拨方案，并组织实施调拨，控制在 6 小时内物资到货。

（二）全省范围实物资源调配

对于本地区实物不满足需求的情况，需向省级供应链运营中心提出调配申请，由省级供应链运营中心统筹全省实物库存资源，确定调配方案，并组织调入方与调出方履行调拨手续。省域内实物资源调拨可在 2 小时内出具调拨方案，并组织实施调拨，特别紧急或应急状态下可控制在 1～2 日到货。

（三）跨省调配

常规紧急需求在省内完成资源协调，对于特殊应急需求或紧急需求，当省内资源不满足需求时，可由省物资部向上级物资供应链运营中心提出调拨申请，上级物资供应链运营中心接受调配申请后，统筹公司范围内实物库存资源，根据实际需求，下达跨省库存物资调配指令。跨省调配若有资源调配，根据调配距离需要 2～5 日到货。

二、协议库存匹配

当实物资源无法满足应急需求或紧急需求时，应考虑协议库存匹配，向省公司提交紧急匹配申请，以“实物优先匹配”原则，实现随需随匹。

(一)农配网协议库存

当前协议库存匹配遵循“实物优先匹配”原则，对于已有实物的厂家，可保证10日内发货。对于应急或紧急需求，可向省公司申请紧急匹配，实现“随需随匹”，优先匹配有实物厂家。后期配网协议库存将实现7×24小时供货并实现全量可视化选购，供货周期极大缩短。协议库存紧急匹配可在1日内完成，实际供货需根据供应商库存、排产和运输距离确定。如有库存，控制在7日内到货；如需排产，控制在15～30日左右到货。

(二)输变电协议库存

省公司匹配需求计划采用双月班车匹配和应急专车匹配并轨制，在紧急或应急状态下时，向省公司提报紧急匹配申请，提供紧急或应急情况说明或分析报告、输变电协议库存紧急匹配申请单，如需定向匹配应同步提供关于输变电协议库存申请定向匹配说明等材料，随需随匹，组织供应商生产发货。协议库存紧急匹配可在1天内完成，实际供货需根据供应商库存、排产和运输距离确定。如有库存，控制在7日内到货；如需排产，控制在15～30日左右到货

(三)协议库存跨省调剂

对于一级采购目录范围内的紧急需求，若本省协议库存无法满足需求，可向上级物资供应链运营中心申请组织协议库存份额跨省调剂，由物资公司负责签订合同。因跨省调剂周期相对较长，通常持续15～30日，对由于设备缺陷、安全隐患处理等需要紧急更换的备品备件的情况，并不适用跨省调剂，需实施紧急采购。

(四)协议库存供应商网络

对于农配网物资，水泥杆、水泥制品等物资均是就近匹配原则，本地供应商或厂家可联系作为应急协作供应商。已纳入可视化选购的布电线、绝缘子供应商余量透明，可联系就近供应商组建应急协作供应商网络，后期配网协议库存全面上线可视化选购后，可针对重点物资或应急需求物资扩充应急协作供应商网络。对于建立供应商网络的物资，可利用供应商场地要求供应商动态储备常用物资，实际需求时若厂家有实物，根据运输距离远近，可控制在7日内到货；如需排产，控制在15～30日左右到货。

三、在途合同订单资源调配

按照“效率优先”原则，在收到应急需求或紧急需求时，市县公司物资部供应专责同步排查在途合同订单物资排产情况，与实物调拨双轨并行。在省域内实物调拨无法满足需求的情况下，按照先市内后省内的顺序，实行在途合同订单资源跨项目调拨。在途合同订单资源调配方案可在1天内出具最佳调配方案，但供货需根据当前供应商排产和运输距离确定，常规状态下安排供应商紧急协调实物，控制在7日内到货。

四、应急物资采购

对于实物资源调配、在途合同订单调配、协议库存匹配均无法满足需求时，应采取应急

或紧急采购方式。

(一)应急采购

应急状态时,需求单位提出应急需求,同步提供应急需求情况说明、应急采购审批单提报省公司物资部及专业部门会签审批。会签完成由省公司物资部根据采购目录确定自行采购方式或上报总部备案。二级目录范围物资由省公司组织采购或授权地市自行采购,一级目录范围物资由授权省公司实施采购。采购方式确定后,由地市公司物资部组织需求部门完成计划申报、应急采购计划备案单及招标以外方式采购审批单流转审批工作,审批完成后根据省公司安排实施采购活动。应急采购可在 2 日内完成审批手续及采购方案确认工作,计划申报及采购实施工作可在 2 日内完成,供货时间需根据供应商库存、排产和运输距离确定,预计在 30 日以上。

(二)紧急采购

遇到紧急需求时,由需求单位提供紧急采购情况说明、需求清单,并填报紧急采购审批单,经省公司项目主管部门、应急管理部门以及物资部审批通过后,由省公司物资部确定采购方案。对于涉及二级采购目录清单范围的物资,由省公司组织实施紧急采购。对于涉及一级采购目录清单范围的物资,优先组织协议库存份额跨省调剂,无法满足项目进度要求的紧急需求,按照"随到随招"的原则,建立专车批次,由总部实施采购。对由于设备缺陷、安全隐患处理等情况,需要紧急更换的备品备件,由需求单位提出申请,经省公司/直属单位相关管理部门批准后,将计划申报至总部全年开通的紧急采购管理批次中,由省公司/直属单位直接实施紧急采购。紧急采购可在 2 日内完成审批手续及采购方案确认工作,计划申报及采购实施工作可在 2 日内完成,供货时间需根据供应商库存、排产和运输距离确定,预计在 30 日以上。

第三节　应急项目物资管理

一、加强物资领退和拆旧移交

电力企业应急抢修时产生的借用物资、结余物资,借用单位、领用单位应第一时间完成立项、落实费用,完成实物退库或办理领用手续,退库前由设备部门出具可再利用鉴定证明,物资部门根据出库合账逐项跟踪,闭环管理。抢修抢险过程中拆旧的物资,由实物资产管理部门单位组织技术鉴定,办理不可用报废手续或可用物资代保管申请,及时将实物移交物资部门。

二、强化应急物资流程闭环管控

梳理应急物资管理关键环节,完善应急物资闭环管理工作,应急状态解除后 30 天内完成省内协议紧急匹配供货单签订,60 天内完成总部采购目录物资的采购过程资料和采购结果上报备案。加强与发展、财务、项目部门沟通推进前端部门第一时间组织立项申请、评审,加快费用落实,确保在应急状态解除后 180 天内完成已领用出库的应急物资结算工作。涉及应急采购供应商结算的，应在采购合同签订后60天内完成合同款支付，不得因立项、费用落实等原因逾期办理。因自然灾害、突发电网事故等原因实施的应急抢险项目，其产生的拆除材料应采取新增方式，纳入“年度实物资产退役计划”审批管理。

第四节　应急项目费用计列规定

1. 应急项目不计列基本预备费。

2. 应急抢修过程中发生的各项措施费用，根据应急抢修方案和实际投入费用计列。

3. 应急项目配件运杂费根据项目实际参照预规计列。如已在应急调遣及协调费中计列，则不再重复计列。

第九章　电力设备运检成本项目精益化管理展望

一、建立适应电力企业运检成本监审要求的成本核算体系

适应成本监审要求，结合相关监审办法和企业产品成本核算制度等规定，调整现行成本核算方式和分摊规则，区分电力企业运检业务，省级、区域和专项项目，分电压等级和用户类别，建立不同成本核算中心，多维度对资产、成本和收入等进行记录与反映，构建一套契合政府成本监管要求的企业财务信息记录和披露体系。

（一）实现多维度成本归集

认真落实多维精益管理变革重点任务，把握“市场化、透明化、高效率”改革要求，加快多维精益管理体系全面应用，围绕设备、客户、员工、项目等核心要素，全面提升价值创效的积极性，实现按电压等级、用户类型、监管资产等多维度成本归集。

（二）制定监管业务单独核算与披露工作的指导意见

制定监管业务单独核算与披露工作的指导意见，对照输配电核价监管要求优化公司专业支撑机构职责，调整现行资产管理、成本核算方式和分摊规则。

二、完善对外报送监管报表

探索逐步形成经第三方审计的年度成本监管专用会计报告，定期提交政府价格成本监管部门，推动政府外部成本监管与电力企业内部财务管理有机融合，为今后进一步严格监管夯实基础。

（一）建立监管业务报表体系

以“核价资产”为对象，围绕监管要求建立监管业务报表体系，反映各电压等级的资产、费用、收入、输配售电量、负荷、用户报装容量、线损率、投资计划完成进度等有关数据。

（二）深化多维精益管理应用

深化多维精益管理应用，完整归集各电压等级运行维护费，按运检成本监管要求和业务性质对管理费用、销售费用进行归集后单独核算，准确反映公司经营管理各环节成本费用开支水平。

三、加强电力设备运检成本对标管理

（一）建立成本分类管控和对标激励约束机制

各级企业之间成本指标差异较大，包括平均单位定价成本、材料费修理费率、其他运营费率等，各年度间偏差较大，各地市间成本指标差异较大。通过内部通报，引导不同企业之间进行成本对比，加强成本横向、纵向对标分析，将现行成本与历史成本相比，个别成本与社

会平均成本和社会先进成本对比，地域、人口、面积、经济发展水平相近的企业之间成本结构的逐项比较，对标对表，深入分析差异原因，合理评估成本管理绩效，激励各个企业加强内部挖潜，提升管理效率。

（二）开展省市间运检成本对标

开展不同省之间的运检成本对标，考虑企业运检成本差异特征，争取建立适合网情、省情的成本分类管控和对标激励机制，合理分析计算“当年新增运行维护费率”指标。加强指标数据分析，明确指标数据背后的管理因素，选定学习标杆，制定适合公司经验管理实际的指标提升计划，争先进位；在地市公司设置“单位资产运维费率”指标，强化对标导向作用，并加强当年新增资产运维费率差异化分析。研究解决措施，逐步检验标准运维费用；组织开展成本管控典型经验总结提炼，改进工作方法，优化工作流程，完善制度标准。出具年度省市间对标分析报告。

四、规范业务外包管理，优化运检项目成本结构

（一）规范运检成本业务外包管理

明确专业、劳务外包界限，建立劳务外包项目初审机制，以项目实施必要性为重点进行事前审核备案，杜绝核心业务外包情况，做到“项目准确、费用清晰、管控到位”，合理压降业务外包成本支出。

（二）优化运检成本结构

以治理低效逾龄资产、过载、高损、隐患缺陷设备为重点，以提高设备本质安全与运维效益为导向，优先保障设备运维、应急抢修等刚性支出，落实专业处室重点工作，实现成本有压降成效不打折的目标。

（三）严格执行成本分级审核制度

将勤俭节约思想、创新发展思维和精益管理理念贯穿于运检成本管理的全过程，深化项目储备和费用审查，压实费用支出，对项目内容、工作量、造价等关键因子进行把关，挤出预算水分。

五、完善运检成本项目计价体系

（一）建立运检项目计价基础数据库

将各项费用按照专业类别、实施对象、电压等级、实施规模进行多维度拆分，制定运检成本计价因素规则，开展统计分析。逐步建立覆盖主要专业、典型业务标准计价体系，最终，构建运检成本项目计价标准化、规范化基础数据库，提升单项成本预测的准确性，填补运检成本项目管理的空白，助力费用合理配置和差异化投入。

（二）建立运检项目计价动态分析模型

以基础计价数据为源头，引入状态评价结果、隐患缺陷、运行环境等关键参数，总结计价标准应用经验，开展差异化分析，设置科学合理的调整系数，实现计价体系的动态调整、本地化应用。一是完善效益效能评估指标。优化运检成本成果评价，试点评估项目预期成效完成率、设备延长使用年限等指标，多角度评价运检成本实施成效，强化花钱问效理念，指导后续成本实施。

(三)建立效益反馈评估机制

制定运检成本项目效益反馈周期,对已完成的运检成本项目回顾考核实际完成成效,补充完善项目效益的后评估机制;同时结合成效反馈和历史预评估数据,分析修正各类项目立项前的预评估工具,强化效益评估机制的可靠性与时效性,驱动资金科学合理配置。

(四)优化效益辅助评估机制

推进生产成本标准落地应用,打通标准成本与运检作业的映射关系,落实精准投资,辅助运检成本项目全过程评估,为加快开展项目提质增效本质工作发挥实效作用。

六、深入推进业财融合,拓展成本管理应用

(一)事前细化成本业务来源,严控成本入口

从可控费用整体层面强化成本预算引导作用,优化运检业务成本安排。在项目成本管控方面强化业财融合立项管控,细化成本需求业务来源。通过系统关联设备状态信息,改变原有生产性成本需求直接发起的模式,将需求申报向前端业务延伸。在项目储备立项阶段,根据设备缺陷、故障、隐患、状态评价等信息发起成本需求储备,贯通"设备管理—项目储备—成本核算"管理链路,深度推进业财融合,提升储备项目的精确性,辅助支撑储备项目评审和优先级排序。根据各类生产运营相关的成本项目储备情况,研究制定项目立项规则,对于相同建设性质、相同专业、相同工作内容的成本需求,设定打捆申报规则。同时并结合设备管理现状,充分融合本地作业标准库,通过梳理成本投向和设备类型,固化典型项目对象,建立典型项目库,打通项目与标准作业的映射关系,为同类业务可研评审提供科学依据。

(二)事中贯通全域业财数据,统一成本归集

提高业财融合的深度和广度,充分结合业务现状,统一业财数据标准,制定业财数据链路贯通技术及实施方案,实现运检成本的合理归集与分摊,完善运检成本分层量化。以全成本项目化管理为基础,夯实业财应用基础,制定业财融合规范,统一归集分摊规则,实现可控成本、项目成本、作业成本三层全口径成本逐层智能化归集,全面覆盖生产成本从项目储备开始到可研评审、预算分解、出库立项、项目执行、结算决算直至项目后评价的全过程管理。利用统一数据中台实现项目、资产、设备、电量、用户等多专业数据的自动采集,并通过梳理的数据匹配规则横向贯通,实现成本相关业财数据自动获取。通过统一成本归集分摊规则,厘清业财数据融合逻辑,实现事中过程数据全域汇集、全链贯通、业财匹配、自动融合,辅助支撑事中成本管控和事后成本分析。

(三)事后加强成本量化分析,挖掘成本潜力

通过省级企业生产运营作业标准成本相关数据和应用,综合开展成本投入分析。针对各组织层级,开展省、市、县多层级投入产出评价分析,实现资源投入事前、事中和事后全过程闭环管控。针对设备资产,从站线细化到单元维度,以拓扑架构的站、线、配、台为载体,将直接成本和间接成本下沉到单元维度,以电量和价值为驱动因素,实现单元的投入产出分析。针对成本项目,做实可研经济性评审结合效能后评价。结合"提质增效"管理理念,根据不同类型项目的投入性质和产出目标,围绕安全生产、效率提升、工艺改良、管理创新和经营效益等方面制定效能指标并结构化,落实关于成本类项目管理指导性文件要求,明确项目后

评价的方式和职责，支撑开展成本项目效能评估。建立长效机制，对于低效支出减少次年成本额度，精准判断预算使用效果。

七、着力提升经营管理水平，发挥运检成本管理价值

（一）完善运检成本系统化管理，提高管理效率

结合各信息化系统，将可控成本、项目成本、作业成本的相关管理标准和控制策略固化落地，提高财务管理和业务管理效率。将可控成本的成本投向分类标准、典型项目分类和储备项目成本参考标准、标准作业成本等均纳入系统管理，便于一线业务人员在储备立项阶段即按照相关成本标准进行录入和测算，提高储备立项和项目评审的管理效率。在实际成本执行过程中，自动实现基础数据实时归集，并通过系统配置预警控制相关规则，有针对性地采用项目单体控制、重点单项费用控制、定额消耗控制、分级总额控制等多种方法，基于实时数据自动判定成本执行异动和风险，实现全面覆盖、及时反馈、快速预警、有效应对的动态管控，提升成本执行过程的管理效率。同时，通过系统落地各类分析优化模型，辅助各级管理人员高效开展管理分析，促进实现从财务末端对业务的管理分析，优化提升管理效率。

（二）推动运检成本数字化应用，提升管理效益

基于深度业财融合和业财数据贯通，充分利用数字化技术，确保数据自动采集、及时传输、精准计算，促进财务管理数字化转型升级，辅助支撑业务管理提升。一是增强业务人员的成本意识，在传统成本执行控制的基础上，强化运检成本投向引导、成本事前控制和成本效率观念，促进业务人员将价值管理融入具体业务管理中。二是增强业财人员的数据管理意识，统一数据标准、强化数据贯通、确保数据质量，确保数据的准确性、及时性、有效性，支撑全过程数据收集、整理、分析。三是增强财务管理人员的数字化转型意识，从成本执行后数据汇总向前延伸至成本执行前引导业务，通过业财数据分析应用，强化资源统筹优化，挖掘成本潜力，充分发挥财务转型的价值和作用，辅助业务管理提升，降低管理成本、提升管理效益。

（三）拓展运检成本智能化分析，辅助经营决策

基于全域贯通的业财数据，深化运检成本结构分析，促进资源科学分配；深化运检成本差异分析，促进成本真实反映；深化运检成本流动分析，促进成本精益管控；深化运检成本投入分析，促进投入产出精准评价。实现成本管理流程自动化，利用大数据技术实现全域成本相关数据自动归集管理，利用数据分析技术实现成本管理业财综合分析建模，利用智能预测技术实现结合内外部数据的成本趋势预测，利用辅助决策技术实现基于成本数据的企业经营决策分析相关测算，提升企业财务管理、业务管理和经营决策管理的智能化程度。通过持续拓展成本智能化分析应用，加快财务管理转型升级，为管理决策提供重要支撑，促进提升企业经营效益，推动企业高质量发展。

八、开展运检成本项目成效评估

（一）结合各类运检作业特点展开差异化效益评估

对于统一开展的重点工作项目，只做评估不做效益考核；对于检测类、试验类等核心技

术业务外包项目，采取低权重评估、高要求核效的方式，严格把控储备阶段项目效益审核，保障运检成本效益评估体系实际、有效。

（二）不断动态优化评估各项指标

深化开展运检成本项目效益预评估工作，建立完工项目取得成效的跟踪反馈机制，运用多维测算、纵向对比等方法，综合研判效益预评估误差及关键影响因素，持续开展运检成本效益评估体系迭代优化，为进一步落实花钱问效提供可靠有力支撑。